勇者無懼：紀政的口述歷史

The Bold and the Beautiful:
Oral History of Chi Cheng

By Chang C. Chen, PhD, JD 邱彰

ISBN : 978-1-949736-68-7

LCCN : 1370199361

Includes bibliographical references.

目錄 CONTENTS

"Herstory: in her own words"

Oral History of Chinese American Women Series

Preface

Since 1960, many of Taiwan's elite college women graduates began a movement to study at leading American graduate schools. They are called the Overachiever Generation. The situation changed drastically in 2000 when China emerged as a world economic power. American schools were no longer the only option, and most of Taiwan's youth choose to further their studies and work in China where language and culture are not barriers.

In 2014, I met Dr. Chang Yu-Tung, Director of the National History Museum of Taiwan. Dr. Chang convinced me to curate an exhibition, "Herstory—the Legal History of Chinese American Women." It suddenly dawned on me that I should record the oral history of those groundbreaking Chinese American women whenever I had a chance to meet them for the exhibition.

When I was growing up in Taiwan, I did not see any woman leaders in any profession. But the women I met through the Herstory exhibition were different. They endured the most difficult challenges and they faced hostility and criticism. Eventually, they found creative ways to overcome barriers and made it to the top.

Now, facing the sunset of their lives, how do they help their American born children understand their extraordinary achievements? How do they pass on their experiences and wisdom? Being a member of the Overachiever Generation myself, I passionately want to preserve their legacy and glorious history.

Today, the fourteenth printed book in the series of Chinese American Women is published. It is entitled, "The Bold and the Beautiful: Oral History of Chi Cheng". I hope you will share our joy and help us introduce our series to your younger friends, hopefully to assist them in achieving their goals, to remember the past, and to encourage other Chinese American women to be proud of what we have accomplished.

Herstory-美國華人女性口述歷史系列

從 1960 年開始，一批批台灣最優秀的女性學子至美國求學，沒拿到博士學位的幾乎無顏回家見江東父老。這些留學生世代被稱為「高成就世代」(Overachiever Generation)。

情況到 2000 年起了變化，中國崛起，製造了可觀的經濟機會。到美國留學的中國年輕人愈來愈多，也排擠了台灣年輕人到美國求學的機會，而當年決定留在美國高就的留學生，除了國籍變更之外，也面臨了文化斷層，沒有台灣年輕人接班了，他們的風光即將埋入歷史。

我也是這群「高成就世代」的人，我常苦思如何在我們因年齡而隨風飄逝之前，保留住這段輝煌。2014 年，我因緣際會認識了台灣國立歷史博物館館長張譽騰博士，受邀策展 HERSTORY- 美國華人女性法律史，也因之認識許多傑出的美國華人女性，我忽然想到，何不為這些創造歷史的女性錄製口述歷史？

看著她們已經灰白的頭和智慧的眼睛，這群不凡的女性是我在長大時沒在職場看到的。她們當年面對了最艱困的環境以及周遭不懷好意的眼神，卻依舊披荊斬棘、開天闢地，成為各行各業的第一。

她們已經逐漸老去，她們生在美國只會講英文的子女，如何了解母親之不凡？而她們的經驗及智慧又如何承傳？今天年輕的華人女性要在職場出頭天依舊困難重重，這種困難從她們選擇志業的第一天就開始了，誰來指路？我以為這群曾經打破職場玻璃屋頂的女性，她們可以做為年輕一代的典範 (role model) 及指路明燈，她們經驗豐富的歷史可以透過口述及多媒體呈現，傳承下去。

今天，華人女性口述歷史叢書的第十四本《勇者無懼：紀政的口述歷史》出版了，希望大家分享我們的喜悅，把此系列叢書介紹給年輕的朋友，協助她們立志，介紹給同輩的朋友，讓她們緬懷，介紹給其他華人女性，讓大家同感驕傲。謝謝！

邱彰

2023 年於舊金山

本書作者 邱彰律師

The Bold and the Beautiful

1963 年，紀政去了美國培訓，因為國內體壇認識到她是一顆可以造就的新星。

她到了美國，就住在教練瑞爾家裡。那年紀政 19 歲，高挑、清純，全身散發出耀眼的青春。老實說，沒有幾個男人可以抵擋，49 歲的瑞爾更不行。

瑞爾那時已經是二婚，有了兩個女兒，太太每天就在家裡做家務，還從頭到腳的伺候瑞爾，包括幫他燙內褲。紀政感嘆，美國的男女一點都不平等。我為瑞爾太太難過，她當時一定是看懂了，眼見瑞爾的心一點一點的離開，自己手裡拿著正要洗的碗盤，耳聽自己心碎的聲音，卻無能為力。

你看這張照片，就知道紀政 30 歲時，已從一朵異國風彩的小花，綻放成耀眼的玫瑰了！

1977 年，紀政 33 歲，她的事業重心轉移至教書及為台灣在國際賽事中爭國名，這件事，除了她沒人能做。她回到台灣來，引起了一陣轟動，媒體推波助瀾，幫她拋繡球選丈夫。才子沈君山是大學教授，本因坊圍棋比賽的冠軍，迷上了紀政的成熟風情及過人機智，開始狂追，兩個人也經過山盟海誓，最後紀政選了妥妥的張博夫，張博夫打敗了沈君山，好不得意。

1972年奧運，我代表團只有七位女性，在開幕典禮上各穿一色旗袍，紀政穿黃色

　　我開始為紀政寫口述，是在她 75 歲時，她依然活力四射，非常吸睛。為了鼓勵我健走，她說要請我吃飯，把車停到很遠的地方，就開始走路，走到我氣喘如牛，問她還要多久？她說很快、很快，最後哄我走滿 1 萬步，才吃到那一餐。

　　她從困苦、到燦爛、到不凡，不就是台灣所有才華橫溢的美麗女性自我創造的過程嗎？紀政最了不起的地方，就是她受人滴水之恩，湧泉相報，所以才有我幫她寫的這本口述歷史。

　　祝福紀政繼續走她大膽、美麗的路，勇者永遠無懼。

美國華人女性口述歷史系列
The Oral History of Chinese American Women Series

美國華人女性法律史系列
Herstory : The Legal History of Chinese American Women Series

紀政敢愛敢爲
不斷飛躍當下 創造精彩未來

林健煉
前自由時報副社長

　　開啟台灣參與國際運動賽事篇章的楊傳廣與紀政，分別在 1960、1968 年奧運為我國榮獲銀牌及銅牌，而躍為家喻戶曉的英雄，兩人的一生也有部分相似的命運遭遇，然論人生逸事，顯然紀政就精彩及幸運多了！

　　在體壇衝鋒陷陣時期，被國際媒體稱為「亞洲鐵人」的楊傳廣，共榮奪亞運 2 金、2 銀、1 銅和一面奧運銀牌；被喻為「飛躍的羚羊」、「黃色閃電」的紀政，則獲得亞運 2 金 1 銀，以及一面奧運銅牌。

　　楊傳廣 1933 年出生於台東阿美族家庭，紀政 1944 年誕生在新竹，父親具原住民道卡斯族血統，母親則是新埔客家裔；楊、紀問世時，台灣還屬日本統治，紀政出生翌年日本戰敗，國府奉盟軍之令來台接管，台灣人一夕之間成了中華

民國國民；由於家境清寒，紀政幼年曾一度被送與他人做養女。

1962 年美國教練瑞爾（Vincent Reel）來台擔任台灣亞運代表團教練，隔年他安排紀政赴美國南加州接受訓練及學習英文；1970 年底敢愛敢為的紀政與瑞爾結婚，為便於代表台灣在國際參賽，她兼具台美雙重國籍，2006 年決定回台奉獻後放棄美籍。

離開第一線的運動場後，楊傳廣曾任左營訓練中心的教練與總監督，培養出古金水、李福恩等後進。

紀政則於 1977 年返台接掌全國田徑協會總幹事，並引進運動行銷、教練培育、幼苗紮根與邀請世界頂尖高手來台交流等思維；1989~1993 年她進一步出任田徑協會理事長。

除了在體壇奮鬥奉獻，楊、紀也分別踏進國會問政，楊傳廣擔任過一屆立委，紀政則連任三屆，此外並曾獲聘總統府國策顧問及中華民國無任所大使。

因蔣經國政府堅持「漢賊不兩立」，又拒以「台灣」名義參賽，致 1970 至 1990 年間，我國一度被摒除於亞運之外，紀政在擔任全國田徑協會總幹事任內打贏官司而讓我國恢復參加；1981 年她又協助我國奧委會以「中華台北」的名義繼續參加國際奧運。

也因歷經出身背景與多重國籍的衝擊，讓紀政在族群融合、國際接軌及國家認同方面，有深刻的體認，這也是她之後出任「2020 東京奧運正名活動」公投發起人的始因；她認為此路漫長，但總得跨出第一步，方有抵達終點讓台灣正名參賽的一天。

2004 年過完 60 歲生日後，為促進國人健康，提昇國家形象，紀政發起【百萬聚樂步】，目標是推動百萬國人日行萬步，夢想是讓台灣以萬步寶島享名國際。

運動發起之初，對於日行萬步能否有益健康，以及能堅持多久，外界甚是存疑，至於要號召百萬人響應，更是被當成空談。

如今，日行萬步卻已是國人一致的健康或養生共識，奉為圭臬貫徹者每日舉目可見。

2003 年她在其《永遠向前～紀政的人生長跑》自傳中強調的座右銘是：「一個人可以失掉財富、愛情，但是如果失去了勇氣，一切都完了。」

不擅高談闊論的紀政，平日總是有為有守，靜如草原中休養生息的羚羊，然一旦決定了目標，敢愛敢為的她，即凝聚無比的爆發力勇往直前，不斷飛躍當下，創造精彩的未來，體育是如此，愛情也一樣，社會運動更是如此這般！

歌詠人生

　　很多人見到我高大的外型，再聽到我柔嫩的聲音，都很驚奇，感謝我爸爸媽媽給我生了一副好嗓子，雖然我不覺得自己的聲音特別好聽，但我的嗓門最適合在浴室裡高歌。1996 年，我組了「希望之聲合唱團」，我們每個禮拜二晚上七點鐘練唱，我已經一年多沒有去了。

　　合唱團有團歌，它是聖歌之一，叫做 "是愛 "：

　　"天，為什麼藍？草，為什麼綠？什麼使月亮發光？什麼使太陽溫暖？花，為什麼香？鳥，為什麼唱？什麼使人活得有希望？如果有一天，宇宙都變樣，我們只求愛永在世上，我們只求愛永在世上，是愛。"

　　合唱團的總幹事是前行政院長唐飛的弟媳婦，叫李美壽，她先生叫唐羽中，他爸爸有三個兒子：唐飛、唐翔、唐羽中。唐飛是空軍幼校畢業，曾擔任空軍總司令及陳水扁總統的第一任行政院院長。

希望之聲合唱團

我受傷了

1960 年，我第一次參加奧運會在羅馬，那年我十六歲，是台灣代表團裡年紀最小的。

1966 年，曼谷的亞運會我得到女子跳遠金牌，之後就受傷了，1967 年我在膝蓋開刀，在開刀之前我問醫生：「你能不能保證我，開完刀之後我還可以繼續比賽。」他回答：「我保證你的機會一半一半。Yes, I guarantee you half and half.」

然後就是 1968 年墨西哥城的奧運，中間相隔八年，我那年 24 歲，100 公尺我跑了第 7 名，80 公尺跨欄第 3 名（銅牌）。

1968 年墨西哥城的奧運會之前，主辦單位會在一年前（1967 年），在同樣的場地先舉辦個小世運，讓選手去熟悉那個場地。我跑了八十公尺低欄及跳遠。

練完後，我就寫信給台灣的中華奧會問，「我可以不要跳遠嗎？因為我四月才開的刀，七月傷口還沒完全復原，我很怕跳遠會把我的膝蓋韌帶搞斷。」

結果中央日報居然登了一個專欄小方塊："紀政的噱頭"，我看到這篇文章後很生氣，我心想：有哪個人願意受傷？我不知道這篇文章是誰寫的，等我拿到獎牌之後，我要這個人把他所有寫的字，一個字一個字吃回去。後來我回台灣，發現這人叫王季普，他是聯合報資深媒體人，一般來說能寫社論的人，才可能寫這個小方塊。

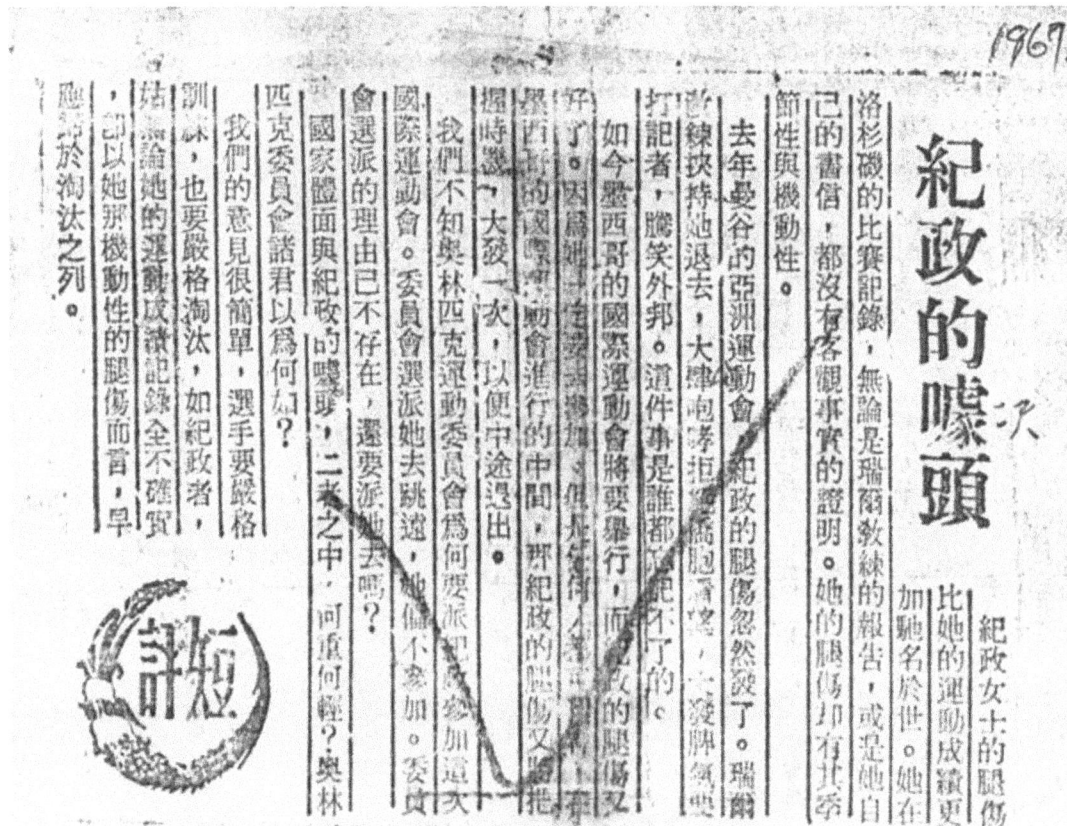

後來台灣方面同意我不用跳遠，只跨欄，在那個小世運我跨欄拿第三名，一年後的 1968 年墨西哥奧運會，我也拿第三，是個銅牌，台灣的女子田徑，從頭至今，就是那一塊銅牌。

1970 年我在慕尼黑大賽之後一週，轉戰維也納，我在這裡創下 100 公尺 11 秒的世界紀錄，但賽後我就發現腿會隱隱作痛，嚴重起來幾乎不能走路。

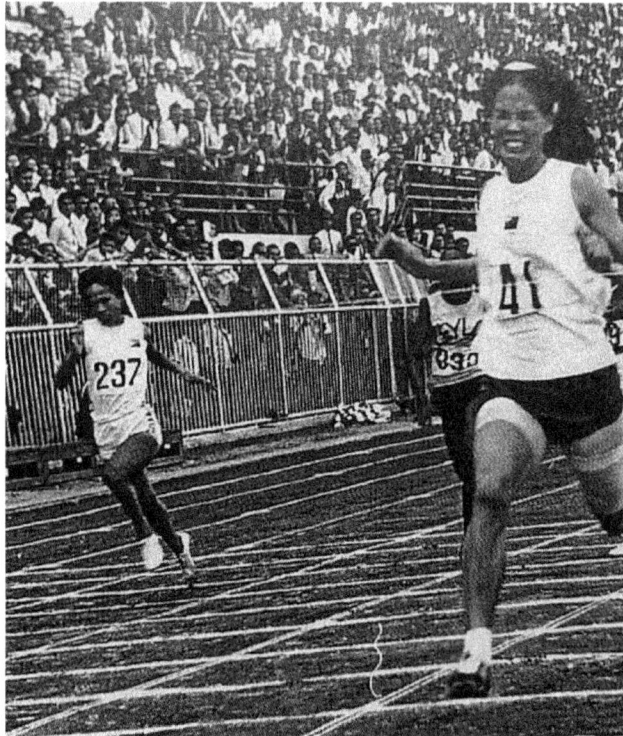

可是賽程一路排到七月底，我沒有時間休息，為了下一場在斯德哥爾摩的比賽，我忍受著疼痛與麻木，依舊反覆不斷地練習，後來我在腿傷的情況下，以 11.2 秒的成績跑完了 100 公尺，但之後腿傷加重，沒有放棄出賽 400 公尺，更以 44.3 秒破世紀紀錄。

1970 年，在曼谷舉行第六屆亞運會，100 公尺決賽在等裁判鳴槍的那一刻，我祈禱上蒼，無論如何今天一定要讓我衝過那條終點線，腿傷絕對不能復發，結果我得了 100 公尺決賽的金牌。

在 400 公尺決賽中，槍聲響起，全場的目光都鎖定在我這，我一路領先，忽然失速停下來，神情痛苦萬分。現場的觀眾眼睜睜的看著我一顛一跛的，用單腳掙扎跳著，最後摔在跑道上。當時我已領先其他選手有 50 公尺多，金牌在望，若不是傷得那麼嚴重，走回來都還可能贏呢！

我這一跤，跌碎了許多人的夢想，國人的期望無處宣洩 ，「紀政裝傷」的謠言，於是四處亂竄，成為我這輩子的最痛。我作夢也沒想到曼谷之役竟成了我田徑競賽生涯的終點，我從此再也無法回到田徑場上。

　　我相信緣份，我兩次參加亞運會，都是在曼谷舉行的，我也都受傷了，所以曼谷的八字跟我不合。

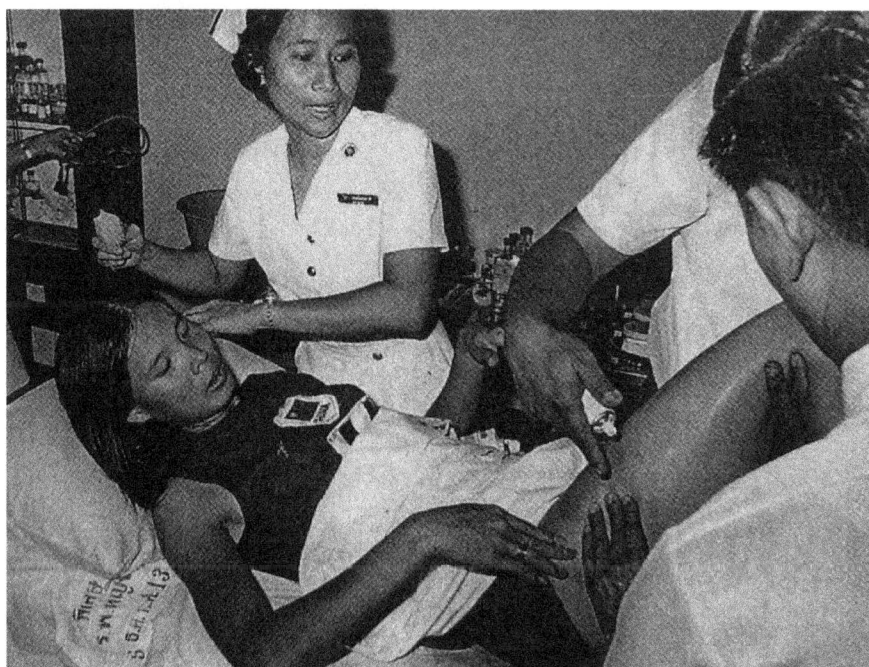

七度締造世界紀錄

　　我雖然沒有拿過奧運金牌，但曾經擁有世界室內田徑錦標賽六十碼、及六十碼跨欄的世界紀錄，拿過三塊美國室內的金牌，那年代室內比賽是在紐約的麥迪森花園廣場 Madison Square Garden 舉行，全世界的好手都會被邀請參加，我在 1965 年拿到世界室內田徑錦標賽六十碼跨欄第一名，1970 世界室內田徑錦標賽六十碼第一名。

我的獎牌

被譽為世界最傑出的女運動員之一

　　1966 年，我被國際田徑總會列為世界最傑出的女運動員之一，1970 年，美聯社宣布我為《年度運動員》，2001 年，入選美國羅德島州《國際學者暨運動員名人堂》。其實我只是在運動方面比較有天分而已，我很感謝台灣政府特准我於 1963 年出國，因為那時要出國很難。

感謝我生命中的貴人

　　我今年 78 歲，一生中辛苦奮鬥，甜酸苦辣，但也享受了不少勝利的果實，這一切都是因為我生命中有不少貴人，在我最需要的時候，出來拉我一把。

父親是一號貴人

我出生的時候，父親紀清池在日據時代的郵政局上班，那時能在郵政局上班算是很不錯了，後來我們遭到空襲，就搬到新竹的牛埔山。在牛埔山時，我們養了很多雞，所以當別人沒有東西吃的時候，我們家還有東西吃。

我的姊姊叫紀吉子よしこ，國民政府來台灣以後，所有的日本名字都一定要改，所以我姊姊現在叫紀吉，我的名字是紀文子，ふみこ，如果把子去掉的話，就變成紀文，跟"祭文"同音，很是忌諱，所以父親就把我的名字改成紀改，但戶政事務所的人把「改」看成「政」，所以我的名字就變成紀政。

我爸爸因為參與了二二八事件被抓去關，而且他承認他的所作所為，他心裡已經準備好被槍斃了，他也有很多同志都是被槍斃的，

爸爸是本省人，在我父親那個年代，本省女孩嫁給外省人的非常少，偏偏我就有一個親戚嫁給外省人，她的先生在新竹當法官。天底下有這麼巧的事，我爸爸的案子竟然被分發到這位法官手上，這位法官要我父親翻供，不要承認什麼，沒想到我父親居然說：「男子漢大丈夫，我敢做敢當。」他拒絕翻供，結果是我阿嬤去探監的時候跟他下跪，請他無論如何一定要翻供。

我爸爸這一輩子，他的信仰裡只有「拜天、拜地、拜老爸」，老爸也包括老媽。我爸爸十七歲時，我阿公就往生了，現在阿嬤竟然去跪他，他無論如何也只能翻供了，否則他已經準備好要跟他的夥伴一樣被槍斃。

那時我爸爸教了我姊姊如何用手槍，姊姊那時才九歲，父親教她要從什麼角度才能把對方射死，因為我媽媽沒讀過書，所以爸爸不可能要求我媽媽去做這件事情，我姊姊就承擔了保護全家人的責任。

我爸爸媽媽感情很不好，真是一場悲劇。原來我媽媽是在我爸爸家裡工作的，因為她手腳俐落，很討我阿嬤喜歡。我阿公在台灣是很有名的黑炭大王，

活躍在桃、竹、苗，所以我父親算是有錢人家的小孩，只是他那時已經有女朋友了。

我阿嬤是人家說什麼，她就信什麼，有人告訴她在阿公死後百日內，家中一定要有人結婚沖喜。那時我的大伯已經結婚了，就剩我爸爸，阿嬤就要我爸爸娶我媽媽，只是他們兩人之間毫無感情可言。

在記憶中，每當我回家時，最常看到的一幕就是爸爸正在打媽媽，打到我哥哥、我、我姊姊三個人跪在地上，請求爸爸不要再打了。所以當男女之間沒有感情，卻硬要他們在一起，實在是非常殘忍的事。

我爸爸在當新竹攤販協會理事長的時候，他在竹北有一群狐朋狗黨，他們會到酒家去，爸爸在那認識了黃彩雲，之後他們就在一起了。我爸爸受的是日本教育，當我知道這件事的時候，我很生氣，那時候我才上初中，有一天晚上我找爸爸理論，我跟他說：「お父さん（爸爸），你喔，上梁不正下樑歪啦。」我說：「你不值得當我們的榜樣。」

爸爸有一隻手練過鐵砂掌，忘記是右手還是左手，所以我爸爸從來不用他那隻手打我們，因為他打的話，一定會傷了我們的腦，那還得了。但有兩個地方他會打，一是我們的手掌，一是我們的屁股，他絕不會用手打我們臉部的任何一個部位，你可以想想，初中的我理直氣壯的朝我爸爸吐槽，不怕被打，想起來很好笑。

後來爸爸離開我們到台北來跟黃彩雲同居，黃阿姨帶著她的小孩，她有一個養女叫鳳珠，兒子阿海、阿生，除了三個小孩，黃阿姨還有一個媽媽，他們五個人一起過來。

我初中三年級那年，我帶著兩個弟弟去跟爸爸住，那時候我大姊、大哥跟媽媽住，我媽去幫人家洗衣服、幫傭，他們兩個就跟著媽媽出去工作，我則是留在爸爸這邊，因為我兩個弟弟都很小，小弟還沒有上學，所以我必須照顧他

們，確定他們不會被黃阿姨一家子欺負。

除夕的時候，黃阿姨的每個小孩都有新衣服、新鞋子，我們家的兩個弟弟都沒有。當我過去住的時候，我是靠我的獎學金過日子，我用獎學金做了一套制服，也就是說我的新衣服就是我的制服。

當我吃完除夕餐的時後，我跟爸爸說，希望他能給我兩個弟弟買新衣服、新鞋子，結果黃阿姨及她媽媽不贊成，我就把兩個弟弟帶到國際商場裡"攤販協會"的房間，我們就藏在那邊不出來。

我爸爸四處找我們，找了很久，當他終於找到我們的時候，我就說一定要給我弟弟們買新衣服、新鞋子，後來我爸爸給了我一點錢，我趕快帶著我的兩個弟弟去買新衣服及鞋子了。我爸爸是在他八十八歲的時候走的，黃阿姨現在還在，九十幾歲了。

我後來在田徑場上為國爭光，我爸爸是知道的，我媽媽也知道。我 1963 年出國，那時出國很不簡單，爸爸到松山機場去送我，給了我一面小國旗，那面小國旗到現在我還留著，它對我來講意義重大。我每次出國時，就會帶著它，回到台灣時，也會把那面小國旗帶回來。

當初我爸爸把那面小國旗送給我的時候，我非常的訝異，因為那面國旗代表的是國民黨，而爸爸是在二二八事件中被抓去，差點被槍斃，所以我想父親應該是已經放下了吧，否則他怎麼會把那面小國旗拿給我帶到美國去呢？

父親在我競選立委時，曾三番兩次的為我助講，很得觀眾讚賞。我選上立委之後，他要我去看他，跟我說「七尺槌，留三尺后」，他認為我的個性跟他很像，他希望我不要橫衝直撞，惹禍上身。

貴人之二－吳金虎

養母家住在新竹師範附小附近。我那時非常羨慕別人的小孩可以上學，就請求養母帶我去註冊。養母到校一聽一學期學費要 200 元，認為太貴，硬是要把我帶回家，不讓我上學，我們兩個人就在校門口拉拉扯扯。當時經營紡織業有成的吳金虎正帶著女兒上學，見到了我的窘狀，於是掏腰包為我付了學費，之後共付了兩年四個學期。

我和吳金虎的女兒吳京成了同班同學。1968 年我在墨西哥奧運拿下女子 80 公尺跨欄銅牌，在台灣十分轟動，我趁勢在報紙上刊出文章「吳京，你在何方」，才與吳家聯繫上。

吳京現居美國費城，2022 年 11 月我到南加州演講時，在她妹妹吳如真的協助下，我得以和吳京透過視訊見面寒暄。吳如真對記者說：「我爸爸根本忘了這件事，因為紀政當時很出名，竟然不忘感謝曾經幫助過她的父親，讓我們全家都非常驚喜。大家一直保持聯繫至今。」

我永遠不會忘記吳金虎先生，替我這個貧困的孩子繳納了 4 個學期的費用。

2022年，與吳如真相見歡

前中：吳京

後排由左至右：大女婿，大女兒與她的女兒，紀政，小女兒與她的兒子

貴人之三 —啟蒙教練許明薰 （1937-2004）

　　1956 年，當時的教育部選中新竹市，免試升學，我因此被分發到新竹二女中。當時我們的體育女老師鍾佩華經常帶著我們到新竹東門國小的操場練習。

　　不知道鍾教官在哪裡打聽到，新竹的東門國小有一群新竹縣的代表在那邊練習，所以她就帶我們到那邊觀摩，她說這一群大哥哥、大姊姊可以訓練我們。

　　她碰到當時新竹縣的跳高選手許明薰和朋友，鍾教官告訴許明薰，她班上有幾位女生很有運動天賦，希望許明薰能代為認真調教。許明薰當時是新竹最有名的書局 -- 宜和書局老闆的兒子。

　　我們女生第一天去的時候，花了五毛錢，到東門國小旁邊的大水溝上買了一根竹竿，因為國小裡有個沙坑，沙坑旁邊有兩根柱子，柱子上每五公分就釘個釘子，可以架竹竿，我們就把買來的竹竿放在最低的地方，然後就跳，跳到後來我們旁邊竟然有一群人在圍觀，後來更高的地方就跳不過去了，這時許明薰走出來，把那個跳竿放到最高的地方，一躍而過，「就像燕子飛過！」

從此我們這群小妹妹就每天傍晚乖乖地跟大哥們一起練賽跑、練跳高，自動自發，沒有政府畫的大餅作為交換條件，也沒有所謂的經費和獎勵辦法，我們只有對於田徑運動的熱愛，和想為地方爭光的榮譽心。

　　我那時是脫光腳的，鞋子一脫，馬上就可以開跑。當時操場舖的不是草皮，而是煤渣混著磚頭屑，許老師說我光著腳在煤渣跑道上，就可以跑出100公尺14.4秒的成績，如果我穿釘鞋，就可以跑再快一秒。於是我回家跟父親要錢買釘鞋。當時一個女工一個月的工資不到三百元，一雙釘鞋卻要兩百元，那天晚上父親就以沒錢為理由，拒絕了我。可是晚飯過後，父親從口袋掏出兩百多塊給姐姐，叫她帶我去功學社買釘鞋。

　　我問：「爸爸，你不是說你沒錢嗎？」原來是我爸爸去跟人家借錢，他說當他看到我哭的時候：「阿文，你在哭，爸爸哭在心裡。」我真的很感激他。好笑的是，我因為穿了釘鞋，反而不會跑了，那時的釘鞋鞋底都是用很長的釘子，連在一起。我拿到釘鞋，還捨不得立刻穿去運動場，我每天守在許老師家門口，要跟他分享這個消息，一直等了一個禮拜。

　　許明薰知道我家的經濟狀況不好，從初一下學期開始就主動提供教科書、參考書給我，還讓我母親幫著許家洗衣服，賺點家用。他知道我為了要出人頭地，不只在運動場上一再超越自己，在課業上也始終名列前茅。

　　儘管我一片感恩之心，認為許明薰是我的啟蒙教練，但許老師總是說鍾老師才是功不可沒。他說他對我最大的影響，就是當年他經常對我說，「你好好練習，將來一定會成為國手。」這句話我也真的聽進去了。

　　許明薰認為我比一般女孩子高出許多，腿長手長、彈性特佳，條件比一般國手級的代表更出色，雖然當時我的跑跳有一些姿勢上的缺點，但許老師認為經過專家指點，應該都可以糾正。

　　為了增加我的臨場比賽經驗，許老師經常帶著我到附近鄉下參加一些小型

比賽，車費、餐費、住宿費都是他出的。許老師告訴我，「比賽對選手很重要，碰到比自己強的人，回去才會認真練習。」

嚴格來說，這時期的我，實在不是一個很認真的選手，我愛調皮、會撒嬌，碰到星期六、星期天就不來了，而我的領導能力特強，我不來練習，隊友也就不會出現。許老師拿我一點辦法也沒有。

許老師一直說，他知道憑著我得天獨厚的身材，只要好好練，一定會成為國手。但他沒有料到，我自視甚高，國手不夠看，我最後成為世界第一流的選手呢！。

1994年八月十二日華視『點燈』節目，右為主持人靳秀麗

三歲半成養女，慘遭養母虐待

我父親因為二二八被抓去關在牢裡，所以在我三歲半的時候，家裡變得很窮，加上我阿嬤重男輕女，我的三嬸婆就用一條長背巾背我去給別人做養女。我有三個姑媽，只有大姑媽留在家裡，二姑跟三姑全都送給人家當養女。在我這一代，大姊是一定要留在家裡的，我是次女，送給別人家的就一定是我。

家人第一次把我送出去的時候，是送給一個名字跟我媽媽一樣叫尾仔的女人，她住在山上，沒有女兒，所以想要一個女兒，我就被送到山上去了。我記得她有兩個兒子很疼我，他們在山上做農夫，他們會把五塊木板釘起來，把我放在裡面坐著，然後把我從山坡上拉下來，蠻好玩的。但我媽媽被人笑：「這麼可愛的一個女兒送去山上的話，是要給人家做媳婦，不但要幫做家事，搞不好還沒有書可以唸，你要送她走，一定要送到城裡去。」我媽媽是誰的話她都聽，於是她就去把我要回來，後來我三嬸婆聽到城裡有人要女兒，三嬸婆認識這一家人，就把我送到那了。

我的養母原來的先生吃砒酸自殺了，養母後來就跟我的養父同居，我的養父叫謝金池，記憶中他是淡水人，養母那邊已經有三個成人的子女：兩個兒子，一個姊姊。

我五歲時父親出獄了，那時有一個新竹選出來的女立委，她的爸爸叫溫萬寶，溫萬寶在日據時代是保正，保正是民政事務管理人，他對我們家蠻同情的，是他去把我的父親保出來的。

在台灣的習俗裡，大年初二叫做女兒生，是女兒節，無論你結婚也好，被人送去當養女也好，只有那一天，家裡的人可以來帶女兒回去。所以我父親出獄以後，就要來帶我回去，記得我姊姊、我爸爸兩個人在正月初二時到我的養家來，我的養母不想讓我回去，她編了故事，她說：「阿文很貪吃，所以阿文會拉肚子。」

我好不容易盼到我的家人第一次要帶我回去，雖然就只是作客而已，但我一定要爭取這個權益，我馬上抗議，「我不貪吃，我沒有拉肚子。」我的個性很倔強，我也知道當天我就得回來，而且回來後，一定會被我的養母打。但我寧願被打，也要回到我的親生父母家裡，就算只有一天。養母不得不讓我回去，因為我當場戳破了她的謊言。

那一年的過年非常不簡單，我的養母居然給我做了一件新衣服，我永遠記住那件黑底的、上面有紅圈圈直筒的旗袍，所以我就穿著那件新衣服回家了，那年我五歲。

大年初二回到我家之後，我就知道我家在哪了，那時在養母家，我每天都要去割草，要餵養兔子、餵鴨子，在我發現我家在哪之後，我只要有機會就往我家跑，後來也被養母發覺了。我偷跑回去的時候，當然就不肯回養母那，特別是她會虐待我，又打又罵，那時我的大哥陳賜海就會到我親生父母家來要小孩，我的爸爸就會把我綁在樑子上面打，他是真的打耶，打給陳賜海看。打完之後，我沒有辦法，只好乖乖的跟陳賜海大哥回去。

我送給人家的時候才三歲半，那時我就知道我不可能回家了，養母家是日本式的房子，是榻榻米的，廚房的地方有個圓桌，當我的三嬸婆把我放下來離開之後，我就在那個圓桌下面一直鬧，到底還是小孩嘛，後來就睡著了。

我告訴自己一定要回家，我才三歲半，家庭對我非常、非常、非常的重要，所以當我父親把我打得這麼慘，就是為了給陳賜海看，我心裡就想：「為什麼我的家人不愛我？」

養母虐待我，除了打我罵我之外，所有的家事都要我做。我現在不敢抓蚯蚓，因為我小時候除了割草，餵兔子、餵鴨之外，每天還必須挖蚯蚓來餵鴨子，我挖過很多蚯蚓，紅色的、白色的，像蛔蟲一樣的白蚯蚓，超恐怖的，所以我好一陣子不敢吃麵，因為看到麵就會想到蚯蚓。

我養母真的很可惡，她打我打的很兇，有一次她用竹掃把打我，掃把有刺，是竹子主幹之外的分枝，那個分枝刺開了我左手的肌肉，我左手血流如注，把她嚇到了，她就帶我到附近一間廟去，請那個廟主幫我把刺抽出來，再用香灰幫我止血，現在我的左手還有當年她打我留下來的疤。

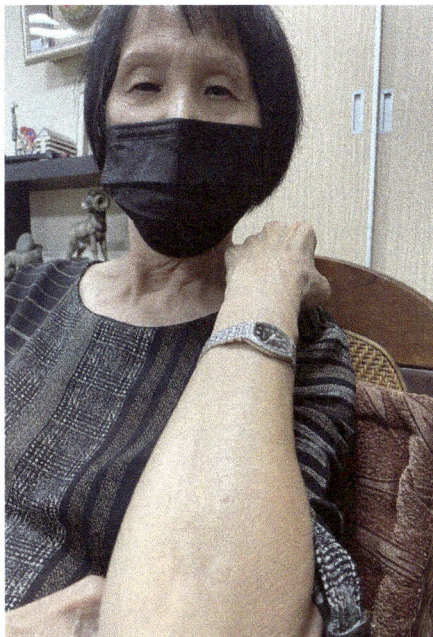

　　我養母有個女兒，叫什麼名字我不記得了，記憶中她長得很漂亮。但是在她將嫁之前，小偷竟然把她的嫁妝給偷走了，又不是我偷的，但我還是被打得很厲害。

　　記得小學一、二年級的時候，只要我有機會，我一定會偷跑回家去。那時候養母住西門，在新竹附小對面，我的原生家庭住南門，從我的養家到我的原生家庭，最短的距離就是要跨過一個火車鐵道。

　　那個時候經常有人臥軌自殺，就是臥在鐵軌上被火車壓過去。我覺得我的原生家庭既然不愛我，那我也去臥軌吧！姊姊說，有一個里長看到我，認出這個小孩好像是尾仔（我母親的名字是王尾）的小孩，他們就把我帶回我的原生家庭，這件事讓我爸爸覺得不帶我回來不是辦法。

後來我就再也不去養母那了，基本上就是完全斷絕來往。我爸爸說我不是賣給養家的，爸爸發現是戶政事務所的人擅自把我的戶口轉給養家，我們家一毛錢都沒有拿。還好我爸爸懂點法律，他說要告那個戶政事務所的人，戶政事務所的人怕了，知道自己做的是違法的，所以他就趕快去跟我的養母商量，我就被養母還回來了。

我在讀初中的時候，在北門國小，養母住在西門，我上學的時候每天會在同一個時間走過地下道，就會碰到養母去新竹竹蓮寺拜拜。看到她我就走過去，完全不理她，她也沒有辦法。在我當養女的時候，還好沒有被她虐待至死，還有什麼比這個還更辛苦的呀？

回到原生家庭

我在小學三年級時，終於回到我的原生家庭。爸爸在被關的時候，學會縫皮鞋，所以出獄以後他就去修皮鞋。在我三年級及四年級的兩年期間，我爸爸在新竹火車站對面的銀川旅社騎樓下縫皮鞋，我媽媽也跟著去幫忙。

我爸爸最疼我姊姊，他會替她做鞋子，我這一輩子穿的第一雙皮鞋，是我爸爸去撿人家不要的鞋子，修理一下，再給我穿，我記得是紅色的有跟鞋。

在我讀小學之前過年時，能買得起的東西就是一雙新木屐。我穿第一雙皮鞋的時候，覺得很不好意思，因為很少人穿那樣子的鞋，我的腳又很大，明顯的是穿大人的鞋子。

有個好姊姊

我有個好姊姊，她那時在新竹民富國小讀小學。日式房子的廁所都是在房內靠外牆的地方。早上起來我會先去上廁所，有天上完廁所爬起來的時候，居然看到在竹籬笆外面站著的姊姊，原來我姊姊每天在上學前，都會先到那個竹籬笆外面去看我，看我有沒有被虐待。

我爸爸那時住在台北，他曾經擔任新竹縣攤販協會的理事長。新竹有個中山公園，裡面有夜市，夜市裡有很多攤販。作為攤販協會理事長，吉姐每天晚上都要去收電費，人家都很怕我姊姊，因為她很厲害，又非常會做生意，總之，她去收電費的時候，沒人敢不給她。

新竹玻璃館曾經有個池子叫做麗池，父親就將它租下，吉姐就去麗池顧船，那兒有很多流氓，他們會恐嚇遊客要錢，我姊姊厲害到讓那些流氓嚇得不敢跟她要錢。我姊姊是個很嚴肅、很權威的人，她只要開口，人家都會怕她，但她其實是個好人，非常疼愛我們弟妹，雖然她只有小學畢業，但她精通漢文，她小學以第一名畢業，還懂得六法全書。要不是那時候我爸爸被抓去關，我姊姊今天的成就應該比我們都要好很多。

姊姊後來移民到美國去了，現在我的姊姊、哥哥、大弟都在美國，我小弟也到美國研究所去唸書，他在畢業後一個禮拜就回台灣了，他不喜歡美國。姊姊的大兒子在美國考上了中醫，可是姊姊希望他回到台灣來，所以他必須在台灣重新考執照，沒想到他考一次就考上中醫了，他現在在中壢執業，這段期間他還到武漢大學去讀西醫，真是了不起。

父親、妹妹、弟弟

回憶養父

我覺得我會被養母收養，是因為她要利用我維繫她跟養父之間的關係。養父很疼我，他是綁歌仔戲團，所以我從小就會唱歌仔戲，現在已經忘光了。每當養父揹著我去聽歌仔戲時，尤其是在新竹我們家附近那一帶演出時，他都會帶我去看，把我放在他的肩膀上，讓我看得更清楚。

後來我養父離開了，因為他除了綁歌仔戲之外，還在回收破銅爛鐵這類的東西，有一次他收到美援的袋子被查到，警察就要抓他，他就跑了。養母知道

他是躲在田間被人堆起的三角形稻草堆裡，她就拿飯去給他吃。那時養母買了一個小收音機給他，他就會一直聽，我第一次聽到「雨夜花」、「望春風」，就是在養父躲藏的地方，我對那首「望春風」的記憶非常深刻，搞不好他後來被抓到了，不然的話為什麼我們就沒有再去送飯了。

媽媽自殺

　　我媽媽在她 52 歲（1973 年）那年自殺，她在青草湖跳湖自殺，那時爸爸已經沒有跟我們在一起了。我是 1963 年來美國接受培訓，1973 年回台灣參加全國運動會，那時叫「區運會」（之前叫台灣省運動會），是在桃園體育場舉辦，當時的桃園縣長是呂秀蓮。

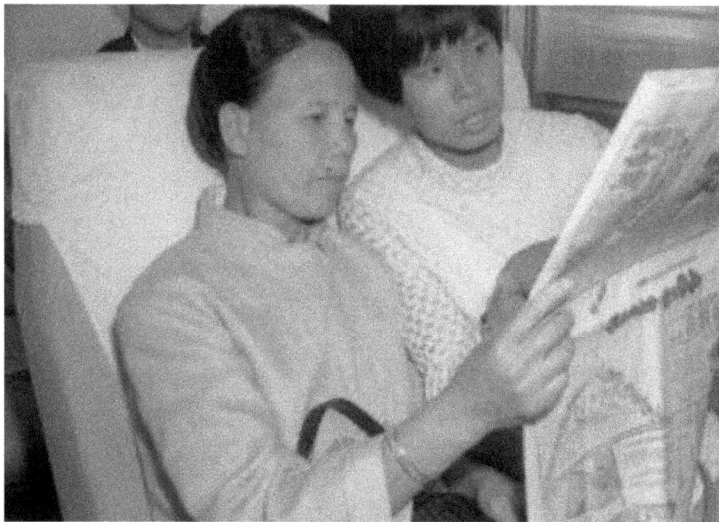

　　我正在看比賽時，忽然接到一通電話，家人說找不到我媽媽，我嫂嫂發現媽媽把所有的首飾都放在米缸上。家人說，媽媽決心要死，才會把她的首飾放在米缸上面，他們覺得這事不妙，就趕快找我，終於在桃園運動場上找到我，之後我就趕回去了。第二天他們在青草湖找到媽媽，我聽說死人看到親人時，鼻子就會流血，當我大哥趕到時，我媽媽就真的七孔流血了。

後來我聽說媽媽自殺的原因，是有一個黑道叫阿里山，他把一些木頭及木雕的東西賣給我媽媽，他說這些東西是很有賺頭的，我媽媽就拿了錢去跟他買，算是借錢給他，後來我們家留了很多木雕。

　　我媽媽根本不會做生意，她想賣也賣不出去，等於上當了。當初我媽媽是跟我大姊借錢，然後她再借給阿里山，後來聽說阿里山死了，但就算他死了，我媽媽也要找他還錢，因為她覺得很不甘心，決定到陰間去找他算帳，後來母親洗衣服的夥伴跟我們講：「你們媽媽去自殺了，說是去陰間找那個阿里山啦。」真是笨到極點。

　　母親走的時候才五十二歲。她五十歲生日時，我們替她做生日，我送給她一對手環。我媽媽走了之後，我把一隻手環送給嫂嫂做紀念，我跟她說，除非真的不得已，千萬不要賣掉，另一隻我自己留著。

　　一直到現在我心裡還在想，媽媽既然有勇氣自殺，她應該更有勇氣活下去吧。葬禮時，我大弟很生氣，他拿了一個拐杖打我媽媽的棺材，那是很不孝的舉動，但我想他的生氣是跟我同樣的感覺，你既然有勇氣去自殺，你應該更有勇氣活下來。

　　小時候我姊姊很會講鬼故事，所以我非常怕鬼，但是當我看到媽媽投河自殺的遺體，她的臉被魚吃得一個坑、一個洞的，從那一刻開始，我就不怕鬼了。我以前一直把死亡跟鬼連結在一起，但那刻我告訴自己：「我不希望我的死亡，會造成人家對我的害怕。」之後我就不怕鬼了。

我上小學時就拿金牌了

　　小學的時候，我就知道自己在田徑場有爆發力。小學四年級時，我從東園國小轉到新竹國小，在校運時，我跑得比五、六年級的大姊姊們都快，所以小學五、六年級時，我就參加新竹市運動會，初中以上就參加新竹縣運動會，拿的都是金牌，我那時候就很會跑。

　　小學四年級以前，我這個鄉下孩子都是脫光腳走石頭路，但我的功課非常好，這要感謝我爸爸，因為我考試成績不好時，他會從一百分往下算，我考九十九分，他就會打一下我的手心。

　　算數課那時教的是面積問題，我們月考考十題，我得九十分，因為其中有一題我的答案不對，我再怎麼算，都覺得我的答案是對的，所以我就跟我的級任老師講道理，但她聽都不聽，晚上回家時，我怕我爸爸打我十下，就先跟爸爸講這題我是對的喔，但是老師不理我。

後來我爸爸第二天早上自己先算一下，他說：「啊，你是對的。」爸爸就跟我到學校去找王老師，「我女兒的答案是正確的。」老師也不得不承認她錯了，只是老師覺得她很沒有面子，所以她對我很不好，把我五年級的品性打成乙。

在學校時，每個月都有月考，期末還有期末考，都是騙不了人的，可是當老師給你品行乙，你的整個成績都會被拉下來。我記得在小學五年級時，我是全班第四名，後來我在讀六年級的時候，有個同學陳美燕跟我說，「你知道為什麼王老師會在期末的時候，把你的品行打乙？」那個時候很多人在廁所牆上亂寫，陳美燕說，我的班長范美惠去跟老師打小報告，說廁所裡面有一則寫王嬌然老師跟誰打炮，是我寫的。范美惠的爸爸是齒科醫生，她每天來上學的時候，制服都燙得漂漂亮亮的。

巧的是范美惠在六年級時跟我坐同一張書桌，我就跟她分得遠遠的，也不跟她講話，一直到我畢業，甚至畢業之後，我都不願意跟她講話。我們讀初中時是在新竹二女中，她又跟我同班，我也是一直到初中畢業，都拒絕跟她講話。

我跟她姊姊范美慈很熟，她是代表新竹縣的鉛球選手，所以我常會去她家吃飯，可是我依舊拒絕跟范美惠說話，一直到她出國了又回到台灣，而我也回到台灣來工作了，我才跟她和好，因為我自覺可笑，幹嘛要記恨這麼久？

初中創下女子跳高紀錄

聽姊姊說，新竹有個關帝廟，關聖公是武將，所以每次在我比賽之前，我媽媽都會去關帝廟拜拜，然後許一個願，她希望我能在奧運會得獎牌，如果我真拿到獎牌的話，她就會來還願，送給廟裡一個日光燈。因為那時我們很窮，媽媽還在幫人家洗衣服，所以只送得起日光燈。

我第一次參加的比賽是 1958 年的中上運動會，在台中舉辦，我以一公尺

四十三破全國初中女子組跳高紀錄。

我的初中是新竹二女中。原來我們在小學畢業要上初中時，要參加初中聯考，可是在我們快畢業之前，忽然收到通知說，教育部選定新竹縣作為免試升學的示範區，所以我們小學畢業後升初中，不需要參加聯考，可以免試升學，我就被分發到新竹二女中。

一開始時，我們學校根本沒有教室，東區和南區，記得那時是借北門國小的教室，所以我每天都要從南門走到北門國小去上課。

我們有六個班，忠、孝、仁、愛、信、義，學校內部還有考試，我是愛班，是最好的班，從學號裡你就可以知道你在內部考試時是第幾名，我那時的學號是45003，也就是說在學校自家的考試裡，我考了第三名。

我初中畢業的時候也是全校前三名，可以被保送，要嘛保送新竹女中或是新竹師範學校。家人希望我去讀師範學校，因為我們家裡蠻窮的，假如我讀了三年師範學校，畢業以後就可以去教書，幫助家計，但我堅持要來台北縣唸私立學校。

那時私立學校的名聲不好，只有考不上公立學校的學生，才會去讀私立學校，但我堅持要到台北縣來讀，因為我很愛比賽，而所有的比賽幾乎都在台北。

新竹二女中初中畢業時，救國團辦了暑期戰鬥營，只有高中生及大學生才能參加，我是唯一初中畢業生被徵調去參加暑期體育戰鬥營的。進去的時候要填問卷，調查你的身家及背景，裡面有一欄問，「你希望將來你的學歷是什麼？高中畢業、大學畢業、或是出國留學。」我那時才初中畢業，但我填將來我要出國留學，後來我真的出國留學了，只是萬萬沒想到是因為田徑運動成績傑出才出國留學的。

後來我到美國去訓練，我的一百公尺進步到十一秒，因為有專業的教練，

其次是有好的設施，更重要的是美國比賽是季節制，在季節中，我每個周末都在比賽，不進步才怪。

我在台灣的時候，每年比賽只有幾場，像是青年節時的中上運動會，再來就是台灣省的田徑錦標賽，再來就是光復節時的台灣省運動會，在台灣就只有三個比賽，根本無法跟美國相提並論。

1959 年我初中畢業，1960 羅馬奧運會那年我選上國家奧運代表，有半年的時間我就住在台北的田徑場裡的宿舍，在那裡訓練。

那時的運動員都不是職業的，不像現在的選手們分成各種專業，還有專業的教練，我們當選手時，要什麼沒什麼，現在的選手要什麼有什麼，我們跟他們比，真是天壤之別。

貴人之四—瑞爾教練

我當時能破那麼多全國紀錄，不能不歸功於美國國務院派來台灣的瑞爾教練 Vincent Reel ，他只訓練我們兩三個月，後來因為台灣無法參加印尼亞運會，他就回美國去了。

我在接受瑞爾教練的訓練後，進步神速。在 1962 年十月二十五日第十七屆在台中舉行的台灣省運動會，我打破四項全國紀錄，那時政府才很嚴肅考慮，是不是也把我也送出國，像楊傳廣一樣去接受專業訓練。

我 1962 年的跨欄照，是我最後一次參加省運會時拍的。我們那時是新竹縣的代表，但新竹縣政府有個藍科長，他對我們非常不好，所以我們一氣之下，全部都去代表苗栗。那時我們可以自己選擇要代表誰，苗栗也願意我們代表他們，他們很高興。那次我的五項混合運動成績還破全國紀錄。

瑞爾在回美國之後，有感而發的寫一封信給當時的省主席周至柔及教育部

1962 省運80公尺跨欄第一名

1964 東京奧運跳遠合格賽

長，他說：「紀政是很有運動天分的選手，」瑞爾就分析我五項運動的天賦，他說我在五項裡的跳遠、八十公尺跨欄的紀錄都破了全國紀錄，最後他說：「但是她的天分要能充分表現出來的話，一定要到美國接受訓練，留在台灣是不可能的。」

總而言之，後來我拿到教育部的通知，說要送我到美國受訓，我就在 1963 年二月二十八日出國了。假如他們當初決定不送我去的話，就不可能有後來 1968 年的奧運會銅牌，更不可能有後來那幾個世界紀錄。

所以我非常感謝瑞爾教練，我覺得政府也做了功德，他們開會的結果就是讓我出國接受訓練，那時候關頌聲先生已經逝世了，他是 1960 年十一月走的，是在楊傳廣獲得那塊奧運獎牌時走的。我那時住在新竹，這中間我曾經有一次到台北來，我那時還在想要不要去看關主委，結果我沒有去，後來他就走了，我非常後悔沒有看到他最後一眼。

瑞爾教練是在 1962 年被美國國務院派來台灣教我們田徑的項目，那時印尼即將舉辦亞洲運動會，我在報紙上看到他即將來台灣訪問，第一站是台中體專，報紙上有寫他的專長之一就是教跨欄。總而言之，他最後變成我們的教練，我

也經過選拔、淘汰，然後被選上赴亞運會參賽。

瑞爾在當時的國際體壇，並不是頂尖的明星教練，不過在那個時代的台灣，這位美國來的外籍教練還是引起了不小的轟動。我也不例外，我早就在盤算要報名參加他辦的研習會。沒想到瑞爾一看到我，就興奮的說，「你就是照片上的那個女孩。」

瑞爾對我一見如故，因為我們都曾經出席 1960 年的羅馬奧運會。瑞爾剪貼收藏的一份奧運專刊的報頭上，刊登了一張我與另外兩名女選手的合照。

左一：吳錦雲，中：林昭代

當時瑞爾已經有 2 次婚姻，他的第二任婚姻裡有兩個女兒，年齡和我相當。但是瑞爾對我情有獨鍾，往後的 10 多年裡，他幾乎是為我而活的，甚至為我而離婚。

畢竟當時我還年輕，但我發現教練駐足在自己身上的目光，要比別的選手來得多，感到有點得意。瑞爾後來離開台灣，但沒多久，他又悄悄回台北，拜

託田徑好手郭博修幫忙聯絡遠在新竹的我。郭博修看到瑞爾的患得患失，這才恍然大悟，原來瑞爾被我煞到了。

一天晚上，我們在俱樂部裡聽音樂，當時正在播放著一首流行的英文歌 "Love you more than I can say"，瑞爾特別指名要我唱這條歌，唱完了，只見到瑞爾含情脈脈地對我說，"It's true."

1963 年我赴美接受瑞爾教練的訓練，1968 年我在墨西哥奧運拿到銅牌，1970 年我們在台北市聖家堂結婚了。1975 年，女兒精敏誕生，1977 年，我帶著精敏回台，瑞爾說他老了，不想到陌生的地方過晚年。1999 年，85 歲的瑞爾永遠的離開了我們。

回憶中，台灣選手吳阿民在 1965 年曼谷亞運會得到十項全能金牌，他是位非常傑出的運動員，他在 1967、 1968 取得東京田徑賽十項運動及全日本全能錦標賽金牌，他現在已經退休了。2011 年，他獲得台灣體委會頒布的「終身成就獎」。我想如果當初瑞爾教練也看上他的話，他的十項運動應該會在奧運會拿到獎牌，吳阿民自嘲：「很可惜我不是女生。」因為那時大家都看出來瑞爾教練對我特別關心。

吳阿民（左一）

運動員的心法

在瑞爾教練的培訓調教下，我歸納出一套運動員的心法，就是 Pain, Ach, Torture，吃苦、痛苦和折磨。

成功心法 1：
性格決定表現 化逆境為助力

為了栽培一流選手，我們可以透過科學精準的方式去培養，但是運動員能否成功真正的決定因素，來自於他們內在的心智和毅力，也就是性格（Personality）決定了表現（Performance）。

我小時家庭困苦，父親因為二二八事件被關押，才三歲我就被送去給別人當養女。脾氣暴躁的養母對我百般虐待，時常拳腳相向，打傷了也不讓看醫生。我一年中只有一天能回原生父母家。

五年後，養父母將時年九歲的我歸還給原生家庭。我回頭看這往事說：「小時候沒被虐待死，就沒有甚麼不可忍受，五年的時間裡被『鍊』出很強的意志力！」

成功心法 2：
自信靠訓練 訓練就得吃 PAT

1962 年瑞爾教練剛來台灣時，採取美國正規的訓練方式，當時台灣選手們根本吃不消。才熱完身，運動員們就累倒在地，嚇得隔天躲在遠處不敢靠近瑞爾。

我發現：兩個「痛」加折磨等於訓練！

他叫我一口氣衝刺五次 200 公尺，對我來講簡直無法想像。當時由於訓練選手多，瑞爾無法一一在旁盯看，當衝到第三次時，我簡直撐不下去了，因此心生偷懶之意。但隨即想到，如果被抓到，那豈不就在外國教練面前丟國人的臉？於是硬撐了下來。

魔鬼訓練兩個月後，在 1962 年的省運動會上，我連續破了四個國內競賽紀錄，連自己都大吃一驚：苦練真的可有那麼大的收穫！

後來我跟隨瑞爾到美國受訓，被要求連續衝刺十次 200 公尺。每次跑到最後，都是體力耗盡、身心最痛苦的時候，我記住瑞爾說的話，「你一次一次地跑，是為了跑下一次。這樣累積下來，就是為了讓你的第九次不累，體能就是這樣訓練出來的。」

當苦頭吃足，成果就會隨之而來。

我常講，成功的要素是自信，自信的要素是準備，而訓練就是做準備！那訓練的祕訣是甚麼呢？有一位美國職業教練這麼形容「訓練」：「訓練就是三個英文字母——PAT，P 是 Pain（痛苦），A 是 Ache（疼痛），T 是 Torture（折磨）。」

兩個『痛』加折磨等於訓練！

成功心法 3：
從壓力昇華到喜愛，自然達到顛峰

但是，吃苦也有心態上的不同。對我而言，訓練的過程中，承受痛苦的心態有兩個層次：第一個層次是被迫地、在外在壓力下被推著走；更高的層次則是快樂地、發自內心地吃苦。

這個心態的分水嶺發生在 1968 年我得到奧運銅牌之時。1966 年曼谷亞運會

時，我早已是亞洲各界看好的奪牌風雲人物，但當時我拿下跳遠金牌後，隨即因腿傷而退出比賽。

由於期望甚高，在我受傷的情況下，國內的體育單位仍繼續幫我報名墨西哥小世運。我當時寫信回國，要求不參加跳遠，卻引發國內媒體不滿。當時《中央日報》一篇題為〈紀政的噱頭〉的評論中，指責我不顧國家榮譽，質疑我的腿傷是藉口。

我當時讀到這篇文章，氣得要昏過去。多年來，我種種為國爭光的堅持和付出，卻換來媒體的嘲諷。我乾脆把該篇評論貼在自己門上，發誓雪恥。

頂著腿傷未癒的痛苦，我不斷的練習，終於在 1968 年墨西哥奧運 80 公尺低欄項目中，以 10 秒 4 的紀錄獲得銅牌，這也是華人女子選手首次在奧運場上榮獲田徑獎牌。

我至今沒忘記當時的感受，：「那塊獎牌讓我無債一身輕！」

獲得奧運獎牌後，壓力沒了，取而代之的是喜悅，心裡反而希望每天的訓練不要停止。得獎前，總覺得訓練很苦，是 I have to train（我必須訓練），得獎後，雖然訓練還是一樣苦，甚至更苦，卻是 I want to，I love to and I enjoy to train（我想訓練、我喜愛訓練、我享受訓練），整個心態都不一樣了。

你愛，就可以忍受；你愛，就可以去吃苦。

成功心法 4：

I am the best.

通常在比賽前 10 分鐘，我會做好暖身等準備動作，有一次，瑞爾教練忽然神情嚴肅的問我，「在這場比賽裡，誰是最好的選手？」我回答「Rosie Bond。」瑞爾搖頭，「你必須說你是最好的，否則你就不可能做到最好。」我

那時心想怎麼可能呢？拿到亞軍就不錯了，但瑞爾非常堅持，一定要我相信自己是最棒的，而且要我說，「I am the best。」我說了，但瑞爾搖搖頭，請你說，「I am the greatest.」

他問了三次，我才用蚊子的聲音回答 I am the best。瑞爾臉孔一板，你要說的有自信才行。

比賽最後還是由 Rosie 勝出，但我卻破了我自己的紀錄。從此每逢出賽，我都會反復誦念「I am the best。」強化自己非贏不可的意念。

在接下來的 1969、1970 年間，我算是達到運動員生涯的頂峰，兩年間，我共參加了 154 項競賽，獲得 153 面獎牌，並多次刷新世界紀錄，直到 1970 年腿傷嚴重到我必須退出競賽為止。

記憶中我掌聲最多的時候，是我在瑞典斯德哥爾摩跑 400 公尺的時候。我到現在還擁有台灣女子 400 公尺的紀錄，女子 100 公尺、女子 100 公尺跨欄的全國紀錄。

我創下的女子 100 公尺的紀錄，是在維也納創下的，我那時是跑 11 秒，現在用電子計時換算成 11 秒 22，還是破記錄！400 公尺我那時候是 54 秒，現在換算成 54 秒 74，是 1970 年在斯德哥爾摩創下的。

貴人之五—崔蔭教練

在初中時，我田徑的成績就非常出色，跳高我都是拿第一，後來在我快要畢業前，私立勵行中學的名教練崔蔭，鼓勵我去他的學校唸高中。他說，如果我願意到台北勵行中學上學，學雜費全免，生活費由關頌聲先生每個月給，我住在同學家，生活無虞。

那時唸私立學校，人家會認為你是因為公立學校考不上，才去唸私立學校，

你一進私立學校，人家就會說，你不是太保就是太妹。但因為那個年代所有的競賽活動幾乎都是在台北市舉行，我又超愛比賽的，所以儘管家人全都反對，我還是選擇到台北唸勵行中學。我告訴家人，勵行中學的老師都是建國中學、北一女的，都是好學校的老師去兼課的。

我在勵行中學唸書時，週末要練兩種球，先練籃球、再練排球，球都練完了才開始練田徑。因為崔老師在台灣沒有子女，練完後他一定會請我們去螢橋吃蒙古烤肉，是吃到飽的那種，所以那個老闆最怕我們去吃，男生都很會吃，都吃好幾盤，崔老師有時也會請我們到西門町去看電影，回憶起來真的很棒。

那時中上運動會初中組八十公尺低欄第一名是張莉莉，她個子很小，所以她在欄跟欄之間要跳五步，到高中時，你還跳五步肯定不會贏，一般來講最多就是三步。崔老師就要張莉莉改成四步，也就是說第一個欄你可能是右腳，跨過第一個欄之後要跨第二個欄的時候，你跑四步，左右左右，就會變成另一隻腳跨欄。如果你習慣左腳跨欄，四步之後就變成右腳了，可能會不順。

那時我主要是練跳高，但跳到某個高度我跳不過去了，我就會到運動場旁邊看張莉莉跨欄，聽崔老師在一旁叫她換腳、換腳，我看她換得很尷尬，雖然我沒有跨過欄，但她怎麼跨欄我已經看熟了。有一天我就跟崔老師說，「我個子這麼高，腿又長，我也會跑，你怎麼從來沒有想過讓我練跨欄？」崔老師恍然大悟，對啊，為什麼他從來沒有想過讓我跨欄。

一個禮拜之後，我就開始練跨欄，練了一週之後，崔老師要替我測八十公尺的跨欄成績，我不僅可以跨，而且我在欄跟欄之間只跑三步，結果他一按碼錶，他想是不是按錯了，他要我在休息三十分鐘之後再跨第二次，他一看碼錶，還是一樣的時間，我那時的成績就打破全國紀錄了。

當時勵行中學最有名的是女子籃球隊，崔老師組了一個醉蓮隊，我也是其中的一名，其實我很不喜歡打籃球，因為我打籃球時會很累。

1968年，中華郵政替我印了郵票，依慣例都是人死後才會被印在郵票上。

　　崔老師年輕的時候是做地下工作的，所以他有槍。他應該是被校長韓克敬逼得不行，才會在校園裡大開殺戒。1962 年一月二十六日，崔蔭進入校長室，直接問韓校長：「我犯了什麼錯，要把我解職？你不給我飯吃，我也不讓你活下去！」隨即掏出手槍，對準韓校長腦袋開一槍，韓應聲倒地死亡。

　　崔蔭和韓校長同樣是北平師範大學畢業的，韓校長知道他帶了很多金子出來，就邀請他來學校幫忙，崔蔭唯一的要求就是他要當體育主任。我後來拿了奧運 80 公尺低欄的銅牌，就是崔老師慧眼獨具，發掘我的。

　　總而言之，那次他帶了籃球隊到香港去打球，回來以後韓校長居然要他支付所有人的旅費。崔蔭覺得奇怪，本來就應該是學校出啊。所以他一氣之下，就把韓克敬、他太太，還有其他 5 人都槍殺了，其中有 1 個是我的音樂老師。最後崔蔭被槍斃了。

崔老師很不甘心，他要我的學姊袁家娟幫他穿上紅色的衣服，他要到陰間去找韓克敬夫婦報仇。

　　那年我高二，崔老師動手之後，還大搖大擺的到台大去看籃球賽，學校就找我去跟崔老師喊話，結果發現崔老師當時在台大，不在勵行。他被抓了以後，我寫了一封信給他，他回信了，之後我到監獄去看他，但他沒有跟我說什麼，我當時才是個高二的孩子，他能跟我說什麼呢？

　　根據當時警政署長盧毓鈞的回憶，崔蔭常常帶領體育團隊出國比賽，「傳言是因為校長和帶隊的教職員A了出國比賽的錢，對學生非常好的崔老師認為不應該，為學生抱屈，遭到解聘又無處宣洩，才釀下了大禍。」

　　後來崔老師被判極刑，勵行中學家長、學生簽名連署二千多份（含身分證字號），懇請法官顧念崔蔭平日愛護學生，並培育出知名運動員的功勞，減輕其刑，但崔蔭很快就被槍決了。死後，該學期結業式特別為崔老師舉辦追思悼念會，而警察廣播電臺亦播出該校音樂老師程鳳之演奏會曲目，以示哀悼。

崔蔭被捕後

貴人之六—關頌聲

　　楊傳廣和我受到恩師中華民國田徑委員會主任委員、中華民國田徑之父關頌聲先生的特別照顧，銘感五中。據說關老師的子女對他都很不諒解，因為他們認為關頌聲居然對楊傳廣比對自己子女還要好。

1958年六月二十五日關頌聲（中）魏振武（左）送楊傳廣
赴美受訓，不斷叮嚀

　　楊傳廣的監護人叫魏振武，他住在北加州的 Seaside。我 1963 年的暑假去美國時，住在他那兩個禮拜。我告訴魏振武，我第一次拿獎牌是在 1958 年，我那年十四歲，我在台灣省中上學校運動會初中女生組的跳高得了第一名，還破了初中女生組的紀錄。

他告訴我關頌聲曾寫了一封信給他，說有一個十四歲的女孩子很有天分，身材又高，要把我送到魏振武那請他照顧，結果魏回信：「我照顧一個楊傳廣已經很累了，請不要再送一個十四歲的小女孩到我這來。」後來我問他，「關主委寫給你的那封信，你有沒有留下來？」他說：「沒有，沒有留下來。」很可惜，假如留下來的話，對我來說會是非常珍貴的紀念。

1960 年奧運會結束後我回台灣，關頌聲先生在同年 11 月過世。

自從我在 1959 年來台北讀勵行中學時，生活費都是他付的。我會被選上 1960 年羅馬奧運代表也跟他有關係，因為我在八十公尺低欄決選時跌倒，所以初選沒被選上。前中央社體育記者蘇玉珍告訴我，她也去參加了那場羅馬奧運選手的選拔會，當時關頌聲是選拔委員之一，因為我在參加決選時跌倒，沒有通過選拔，但關頌聲先生提出他要自費讓我去。

選拔委員們後來決定，不能讓關頌聲出這個錢，所以他們決定讓沒有選上的選手們多集訓一個月，再參加二次決選，第二次選上的有：黃世聰、李柏廷，還有三個女運動員：我、吳錦雲、林昭代，我們五個都選上了。

台灣田徑之父關頌聲

關頌聲主委是最有名的發令員，他會發「政治槍」。他堅持自己發令，然後在發令前跟我說，「你要偷跑，也就是說在開跑時，大家都停下來，但你慢慢起來，然後你就衝出去。」他看著我慢慢起來時才發令，所以是個「政治槍」。現在不可能了，偷跑一次你就完蛋了，以前可以兩次，You are allowed one false start。

關頌聲鳴槍

1960 年我們團隊去羅馬時，我身上有新竹同鄉和扶輪社給我的 50 元美金，後來我們在孟買下飛機，因為要在那邊過夜，我聽空中小姐宣布，下機時我們只需要拿必要的包包下去就可以，其他所有的東西都放在飛機上你前面座椅後面的袋子裡，我居然那麼聽話，將 50 元美金乖乖放在那裡。

我們第一天飛到香港，第二天飛到印度孟買。那時候印度有很多華僑，他們就在外面等我們。記憶猶新的是，孟買機場野狗很多，我帶的牛肉乾全給野狗吃掉了。

我非常感謝關頌聲主委，他被尊稱為台灣田徑之父，他是我和楊傳廣的伯樂。可惜他在 1960 年奧運會回來後就過世了。

向恩師致敬：1968年，楊傳廣（左）和紀政（右）在陽明山第一公墓關頌聲恩師的墓前致敬，楊傳廣跪在墓前，旁立者為關夫人，而紀政俯伏墓前，場面感人。圖/徐宗懋圖文館提供

體育可以很政治

　　1962 年那一屆亞運會我們沒去成，因爲印尼政府說他們必須先寄 ID card 來給我們，我們簽完了之後再寄回去給他們，結果他們並沒有寄 ID card 給我們，他們寄給我們的全部都是白紙。

　　後來在 1962 年八月二十四日第四屆亞洲運動會開幕時，印尼正式宣布拒絕中華民國和以色列參加亞運。 從此，國際運動會就成了政治角力的場所，中國大陸那時還不能參加亞運會。

　　印尼這麼做之後，IWF（國際舉重總會）立即取消對第四屆亞運會舉重比賽的承認，並宣布凡參加該屆亞運之舉重選手均不得參加 1964 東京奧運會及以後的各項國際比賽。這項宣布公開後，十一個參加舉重賽的國家隊，有十隊退出，印尼舉重協會不得不宣布取消亞運舉重賽。

　　IAAF（國際田徑總會）原本也宣稱，凡是參加第四屆亞運會田徑比賽的運動員，都將被取消日後國際賽的參賽資格。韓國田徑隊首先宣布退出本屆亞運會，日本代表團則表示將繼續參加，並聲明違反 IAAF 精神的是東道主印尼，不應波及其他國家運動員。日本田徑不退賽的決定，間接影響其他國家拒賽的意願，加上 1964 奧運會將是在日本東京舉行，最後 IAAF 宣布僅承認該屆賽事為一般國際性比賽而非亞運會。

　　楊傳廣當時專程為參加該屆亞運會返台，原本他計畫參與十項混合運動與多個單項運動，以他當時位居世界田徑巔峰的水平，要在亞運會拿多面金牌，易如探囊取物，但他這次參賽主要的目標是要打破 Rafer Johnson 所保持的世界紀錄 8683 分 (舊制計分)，但由於印尼杯葛台灣參賽，鐵人無緣在亞運會上出現，延至隔年才以 9121 分 (舊制計分) 的歷史天高，打破世界紀錄。

第四屆印尼亞運會就在國際體壇一片指責、亞洲各國一片嘆息聲中落幕。IOC宣布暫停印尼的會籍，並不得參加1964東京奧運會，且致電各個國際單項運動總會，要求暫停印尼參與各項國際體育賽事。

這回換印尼大喊受到迫害，決定自行主辦一場新興力量運動會（Games of the New Emerging Forces，簡稱GANEFO）。1963年十一月十日，首屆新興力量運動會在雅加達開幕，共有四十八個國家和地區派遣代表團，其中包含了蘇聯和中華人民共和國。新興力量運動會舉辦之後，IOC立即宣布全面封殺所有參加新興力量運動會的運動員，取消他們參加奧運會的資格。

後來四年一次的新興力量運動會，預計1967年在中華人民共和國舉辦第二屆，但隨著印尼總統蘇卡諾的下台與中國發生文化大革命，新興力量運動會從此不了了之，宣告夭折。

1963 年赴美受訓

我看了你（邱彰博士）寫的「龍與鷹的搏鬥 -- 美國華人法律史」，你的內容基本上就是討論華人在美國所受到的不公平待遇，但 1963 年我去美國的時候，發生在我身上的故事正好相反。

我於 1963 年二月二十八日從台灣出發，經過日本，在東京過一個晚上才到達美國。到美國的時候，瑞爾在洛杉磯的 Occidental College（nick name OXY）當教練，他教體育，他同時也在 Claremont Colleges 當教練及體育老師，他們學校有賽季，在賽季裡的比賽當地的報紙都會報導，瑞爾教練跟報紙的體育編輯 sports editor 非常熟悉，連洛杉磯時報 LA Times 的編輯他都熟，所以我一到美國，透過報紙，當地人就知道有一位來自台灣的女孩，運動成績非常好，瑞爾教練已經主動在幫我做宣傳了。

因為我在台灣算是有名的選手吧，所以我到美國之後，很快的就加入了他們的賽季。我在美國的第一年，就曾經得到美國加州女子五項全能的第一名，1963 年七月，美國全國女子田徑錦標賽在 Columbus, Ohio 舉行，我的跨欄拿到全國第三名。

因為報紙的報導，有一位曾經在中國大陸當牧師的女性找到了我，給我帶來她做的醃魚。那時我剛到美國，非常想家，但是想聽華語或是吃中國菜，一定要到 Chinatown 去，否則的話不可能。

我發現當地的華人幾乎都是講廣東話，我一句也聽不懂。Chinatown 最有名的菜就是雜碎 Chop Suey，實在不好吃，我點炒麵，以為會像台灣是軟軟的炒麵，結果是炸的、硬硬的，搞得我很沮喪。

那年在國慶日的前一天，我們當時跟美國還有邦交，駐洛杉磯的台灣領事館打電話給我，問我要不要去參加他們第二天的升旗典禮，典禮在洛杉磯市政

廳前面的廣場舉行，我說當然要去，一定要去，所以第二天瑞爾教練就帶我去了。

那時我們有一個海軍的敦親艦隊，到 Long Beach Port 來，他們把軍艦停在那，也來參加典禮了。我到的時候，看到海軍穿白色的海軍服，鑲上藍色的邊，真的很神氣，站在我右手邊的都是老華僑，他們忠心於台灣的國民黨，他們一面唱國歌一面哭。

我在國內當學生時，早上要升旗，下午要降旗，從來不覺得國旗漂亮、或是國歌好聽，可是 1963 年十月十日那天，在洛杉磯市政大廳的廣場，我第一次覺得我們的國旗怎麼這麼美，我們的國歌怎麼這麼好聽，我怎麼會不哭嘛？沒有離開台灣的時候，你不知道台灣的國旗美、台灣的國歌好，當你到國外寄人籬下的時候，你的感覺就完全不一樣了。

2021年十月在加州麗都市舉行升旗典禮

2020年十月在南加州羅蘭崗舉行升旗典禮

在美國勤學英文

我去美國的第一站是住在瑞爾教練在 Pomona 的家。我在出國之前就知道我得加強英文，我不能忍受自己功課不好，所以我告訴自己，如果我的同學要花兩個小時拿 A 的話，我願意花四小時。

我當時寫了一篇文章，題為「小草的故事」，登在自立晚報上。

「有一天，我上完語言課，正要走回住處。火辣辣的太陽毫無遮蔽的烘烤著大地，筆直的瀝青路上燒的發燙；我的心情卻是那麼煩悶、焦躁，低頭走著走著，一抹綠影在眼前閃過，我心中一愣，停了下來，回身望去，原來是一株剛剛冒出頭的小草。

那麼柔弱、稚嫩的小植物，卻能突破堅硬的瀝青路面；剛剛冒出的葉，把漆黑的瀝青擠出碎塊；嫩綠與黝黑成為鮮明的對比、動人的畫面。

而我，19歲，身高172公分，這麼高大的一個人，難道卻比不上一株小草？

在異鄉苦學的辛勤與苦楚，頓時之間不再對我造成難以負荷的壓力。望著這株小草，我好像找到了知己，蹲著望了半天，心中的意志越來越堅定；我暗自下了決心，一定要出人頭地。」

我先去 Pomona High School 上課，這是美國移民局給外國人開的英文課。上課之前他們會先給你做測試，看看你的程度如何，我測試的結果顯示我的程度是最高的。我上課也很認真，從下午到晚上。我們的老師叫 Miss Viginia，她叫我 CC，因為我的英文名字是 Chi Cheng。

我曾經寫過白蛇傳的英文故事，寫完後老師幫我改文法，然後我就努力背，背完後上台跟同學做報告，在那樣的環境下，我的英文進步的很快。好笑的是班裡有一個同學是從香港來的，照道理說，香港來的學生英文應該很不錯，可是這位同學的英文並不好，所以我跟她溝通都是寫中文，我們的老師覺得很奇怪，都是華人，為什麼還聽不懂對方的話？

1964 年我從英文課結業後，就到 Citrus Junior College 上課，主修體育 Department of Physical Education，有些課是必修的，像是心理學，我盡最大努力把功課維持在最佳狀態。唸了兩年，我轉到加州州立理工大學 Cal Polytechnic State University 就讀，也是主修體育，副修生物，成績不錯，1965 年還被學校表揚，四年後我畢業，我的名字被放在學校的名人堂 Hall of Fame 中，永久保存。

從美國的地理來講，我住的地方屬於南加州。在美國參賽時，我一定得從我所住的地區開始比賽，然後才能參加整個加州的比賽。當時我在女子五項全能的競賽中，成績算是不錯的，我的第一個國家錦標賽 national championship 是在俄亥俄州的 Columbus。

我去各地比賽的機票錢都是瑞爾教練出的。他告訴我，如果我代表的俱樂部 Crown City Track Club 參賽的話，俱樂部會出錢，後來我就去參加那個俱樂部，一直到 1964 年我參加東京奧運會為止。

　　2009 年，我在比利時參加 IML 國際健走，宣傳台灣，我戴上貼有國旗的台灣斗笠，穿上以台灣島一筆畫的 t shirt，希望能『行』銷台灣、『行』遍世界，但我回台灣以後，竟然被一些記者要求我證明我是愛台灣的，真是莫名其妙。

楊傳廣的奧運傳奇

　　楊傳廣第一次參加奧運會是在 1956 年的墨爾本奧運，第二次是在 1960 年羅馬奧運，他終於拿到銀牌，給了我相當大的拿牌壓力，因為羅馬奧運會那次，我也入選了台灣代表隊。

　　我出國時，爸爸特地到松山機場送別，給了我一面小國旗，我就把那個國旗貼在我房間的門後面，我睡覺前可以看得到，早上起來也會看到，提醒我要為台灣在奧運會中獲得獎牌。

　　1964 年，我參加了東京奧運會，記得我的室友是楊傳廣的太太黛西 Daisy。那時楊傳廣的十項全能競賽 Decathlon 是最被國際體育記者看好的，因為他在 1963 年就拿了九千多分，破了世界紀錄，而且他的撐竿跳 pole vault 也破了世界紀錄。

　　可惜的是當時國際田徑協會重修十項的計分表 scoring table，楊傳廣突破世界紀錄多出的部分不計分。1964 年時，楊傳廣的成績適用新的計分表，對他來講是很吃虧的，因為他的強項是跑步、跨欄、跳高，這幾項分數都降低了，他的弱項是鉛球、標槍，這些分數都提高。國際田徑協會應該不是故意的，當然也有可能，後來他只拿了第五名。

　　1964 年的奧運會有個插曲，就是楊傳廣的室友是射擊選手馬晴山。楊傳廣說，有一次馬晴山給他喝東西，他喝了之後就全身無力，這可能跟馬晴山當時決定投共有關。在閉幕典禮的那天，馬晴山和陳覺兩個人去東京警視廳要求政治庇護，日本決定將他們兩人遣送回中國。

　　1964 年在參賽前，我先去東京熟悉場地，教練給我一張卡片，上面寫了我每天要訓練的內容。那時台灣女子體操隊裡有一位洪丹桂，她跟我說，她被指定要監視我，她說我在奧運會結束後，一定要回台灣。但我當時的計畫是要在

楊傳廣、黛西與楊小傳廣在左營

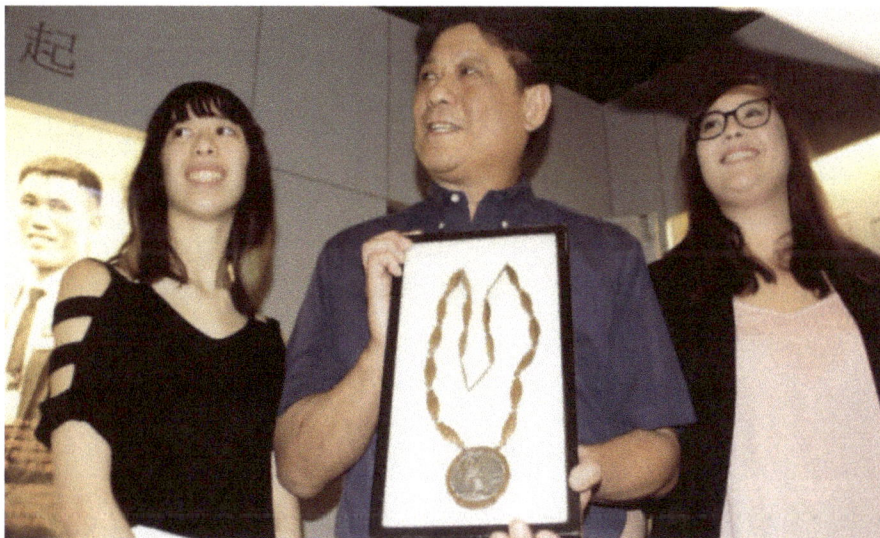

2018年楊世運及二女捐獻我國奧運史上的首面銀牌給國訓中心

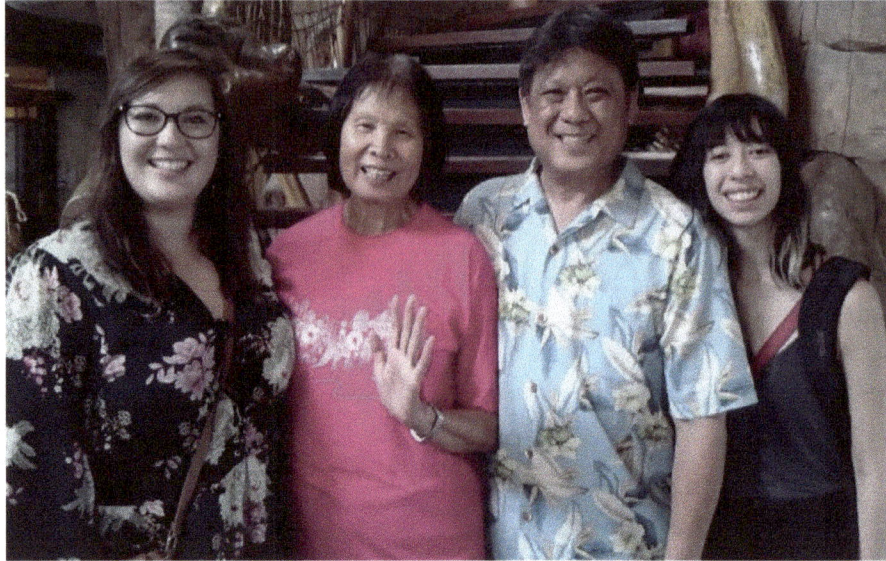

結束時，脫逃回美國，還好在閉幕典禮的那一天，台灣的兩個隊員去投共，結果整個代表團大亂，我才有機會逃回美國。

我先把行李託給美國女子田徑的隊友帶回美國，我又聯絡美國女子田徑隊的朋友、英國馬術代表隊的朋友、還有十項全能金牌強森 Rafer Johnson，當時我的室友是楊傳廣太太，楊傳廣夫婦當然都知道我在閉幕典禮那一天要脫逃，假如我當時沒有再回美國的話，就不可能有 1968 年奧運會的那塊銅牌了。因為在台灣，我不需要怎麼訓練就可以拿到很多獎牌，而且到目前為止，台灣在奧運會田徑賽項目裡，還是只有我和楊傳廣的那兩塊獎牌。

楊傳廣的爸爸媽媽從來沒有看過他比賽，後來台灣政府特地把他們請到東京奧運會，讓他們能親眼看到兒子的比賽。

楊傳廣有兩個兒子，一個是楊世運 Cedric Yang，一個是楊小傳廣 C.K. Yang Jr.；Cedric 現在住在西雅圖，他娶了一個法國太太，也有兩個女兒。C.K. Jr. 有一點狀況，所以他跟媽媽住，也沒有在工作。

台灣的運動員如果都像楊傳廣這麼投入的話，他的未來有什麼保障？美國的名運動員都找得到產品代言，賺廣告費，但在楊傳廣時代，政府給他的那些補助遠遠不夠，還好他一直待在體育界，他在「左營國家訓練中心」幫國家訓練十項人才，職稱是「全國體總左訓中心總監」，是有薪水的。

　　楊傳廣的太太周黛西曾希望楊傳廣過世以後，她能繼續領楊傳廣的薪水，但是目前只有軍人、公務員、教員退休之後可以領退休金，運動員則沒有這種退休金制度。

　　楊傳廣於 2005 年和我一起獲得陳水扁總統頒與二等景星獎章。

我終於在奧運得牌

　　1964 年的奧運，我沒有得牌。當時與會的波蘭選手 Irena Szewinska 參加了跳遠及 200 米，我看她又瘦又高，心想一定可以擊敗她，結果她得了第二名，她有「不死鳥」的尊稱，是世界上唯一同時擁有 100 米、200 米、400 米世界紀錄的運動員，她從 1964-1975 年，共拿到奧運會三面金牌、兩面銀牌、兩面銅牌，成為世界體壇傳奇。

Irena Szewinska

　　1964 年跳遠金牌得主是 Mary Rand，她是英國第一位在奧運田徑賽拿金牌的選手，1968 年奧運她因傷沒有參加，1969 年底，她嫁給 Bill Toomey，他是 1968 年奧運十項全能的金牌選手，他們有兩個女兒。她後來又嫁給 John Reese，住在美國加州。事實上，在我跟你談話之前，我剛從 Messenger 跟 Bill Toomey 聯繫上，他說要寄一些照片給我。

　　1968 年奧運會，我終於拿到 80 公尺低欄的銅牌；當時跳遠的金牌得主是羅馬尼亞的 Viorica Viscopoleanu，銀牌是英國 Sheila Sherwood。我的一百公尺賽跑得到第七名，對我來講，一百公尺能拿世界第七，比得到銅牌還要讓我高興，因為當時沒人認為我會進入一百公尺的決賽。

Mary Rand

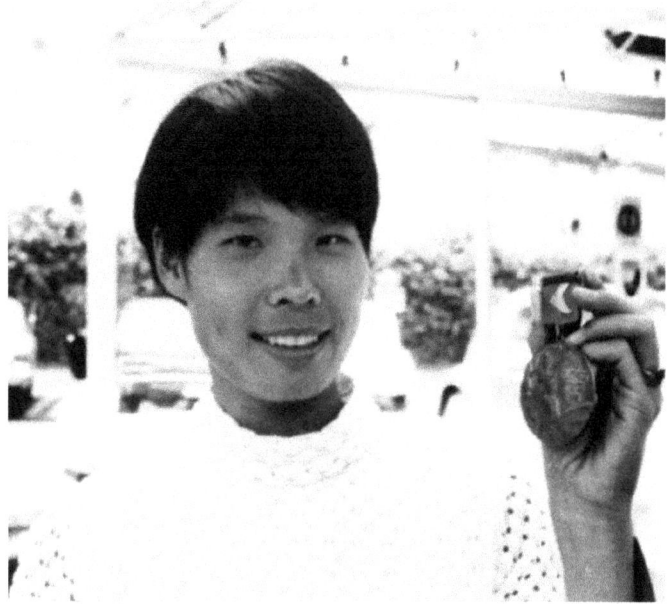

1968年 終於拿到80公尺低欄的銅牌

記得每次當我參加奧運會時，大家都認定我應該要得獎牌了，搞的我很緊張。我剛到美國的時候，連十三歲的黑人女孩子都跑不過，我就問瑞爾教練，「我該怎麼辦，我成績還不足夠於在奧運會得獎牌。」他回答，「世界上的花不是都一起開的，你是大器晚成型 late bloomer.」他講了這句話以後，我就比較安心，可是我知道台灣政府也好、社會大眾也好，根本不管你到美國才幾年。

我 1963 年赴美，1977 回台，我在美國待了十四年。我在 1970 年的亞運會受傷之後，就不能再比賽了，我就在 University of Redlands 教書，當女子體育部主任。

選手的最愛—加油聲

1960 年羅馬奧運會，在十項全能 Decathlon 的競賽中，楊傳廣及強森是 UCLA 同門師兄弟，他們是由同一位教練訓練的，那場比賽楊傳廣只輸給強森 57 分。

當年十項的最後一個項目是 1500 公尺賽跑，觀眾席上有很多美國人，強森的美國觀眾很多，一開始時他們都叫 Johnson、Johnson、Johnson，台灣人只有我和吳錦雲，我們整個代表團的人也寥寥無幾，所以楊傳廣在跑的時候勢單力薄，這麼可憐怎麼成？其實楊傳廣當時都是一路領先的，強森一直跟在楊的後面，強森不可能超過他，因為楊傳廣在這個項目比他強。

正好我們座位後面有一大群義大利的水兵，當時沒有任何義大利選手進入最後八名，我想那麼就等楊傳廣跑到我們這個角落時，讓大家一起為他加油吧。

所以我就以有限的英文告訴他們，「當我叫 CK 時，你們就用中文喊加油！。」等楊傳廣快要跑到我們這來的時候，我就大叫 CK，他們還真的喊加油！加油！我想他在跑的時候應該聽不到，因為太累了，那個一千五百公尺是十項

中的最後一項，這麼長的賽程，對選手實在是虐待。

觀眾的加油聲對選手卻是非常重要，我自己就是個例子。1970 年，我最後一次到歐洲去比賽，幸運的在維也納破了世界一百公尺的紀錄，但跑完以後我覺得很不舒服，我就到慕尼黑去休息一個禮拜，接下來我還有一個在斯德哥爾摩 Stockholm 的比賽，我又跑了一百公尺；參加了女子 400 公尺的比賽跑完後感覺不舒服，但是成績不錯。到目前為止，我還是台灣女子四百公尺紀錄的保持人。

我本來沒有計畫要跑四百公尺，那時候女子四百公尺世界紀錄的保持人是牙買加的選手，她住在英國，叫 Marilyn Neufville，可是當時她沒有出現，後來她到美國來訓練時，我跟她一起訓練，我的教練就是她的教練，我問她，「你為什麼沒有出現？」她說，「你可以想像嗎？假如我輸給你，那多沒有面子？」所以她就沒有來。

那場比賽美國駐瑞典的大使也來參觀，我那時一百公尺已經跑完了，所以他沒有看到我比賽。主辦單位告訴我，這位美國大使是特地來看我跑的，我回答我真的不舒服，無法跑，主辦單位求情，「那你只要跑前面五十公尺就好了。」。

結果我一開始跑的時候，全場歡呼，呼聲衝破了九霄雲天，我那時的感覺是我不僅要跑，還要跑完，跑完的時候，我只差 0.2 秒就破世界紀錄了，那時我是 54 秒 4，世界紀錄是 54 秒 2，目前我還是台灣全國四百公尺的紀錄保持人，真要謝謝那響徹雲天的歡呼聲，對我實在是再重要不過。一個人在那種狀況之下，儘管不想跑，但你的身體會分泌腎上腺素 Adrenaline，讓你表現優異，痛都消失了。

美國那時的運動選手要嘛就是白人，要嘛就是黑人，我的比賽項目基本上都是黑人選手最專長的，像是一百公尺賽跑及一百公尺的跨欄，除了少數一、

兩個白人之外，其餘得獎的全是黑人，結果忽然憑空出現了一個黃種人，在加州奪得女子五項的全能冠軍，在美國全國比賽又拿了女子跨欄第三名，所以每當我出賽時，大家都另眼看待，認為我是個稀有動物。

我在參加全美錦標賽時，最高興的是每當我下場競賽時，觀眾席裡有很多黑人為我加油，而不是為其他的黑人加油，我聽到掌聲非常振奮，因為在看台上，我幾乎找不到華人的臉孔。

2021 年七月在東京奧運，台灣奪 12 面獎牌

2021 年的東京奧運會，台灣的田徑選手仍沒能拿到獎牌，從 1960 年起直到現在，仍然只有我和楊傳廣的那兩面獎牌：楊傳廣的銀牌及我的銅牌。

中國大陸有王軍霞在 1996 年美國雅特蘭大奧運會，拿到田徑 5000 公尺的金牌，"飛人"劉翔在 2004 年的雅典奧運會拿到 110 公尺跨欄金牌，還有馬家軍的選手也拿走不少田徑獎牌。

2008 年在奧運會之前，中國的陳其鋼特地為奧運會開幕式創作了一首主題曲 "我和你"（You and Me），我被邀請去參加他們在北京召開的記者會，無論是我也好、劉翔也好，我們都是華人運動選手，作為華人的選手，千萬不要妄自菲薄、小看自己的能力。

台灣田徑選手鄭兆村拿到了 2021 東京奧運田徑賽參賽資格，他是標槍 javelin 亞洲紀錄保持者。現在奧運參賽資格採取積分制，鄭兆村已經達標，再來就是繼續累積積分。我們的游泳、體操選手也都達標了，其他像是陳傑、陳奎儒也會以足夠的積分參賽吧，可惜我不會去領隊了。現在我要參觀奧運得先買

票，買票之前要先抽籤，我們都沒有抽到，只好在在電視機前看。大家都知道，現場看賽事和在電視機前看，是很不一樣的。

每次參加奧運的台灣代表團，大概都有幾十人，我去羅馬的時候，好像是五十幾個團員，包括足球隊的代表，他們都是香港人。現在人比較多了，不是成績比較好，而是團裡有一些防護員、醫師、教練、行政人員、官員，這些都是以前沒有的，所以現在人數起碼都一百多人，尤其是現在講究運動防護，基本上一對一：一個選手一個醫生。

參加東京奧運的台灣隊，在一些新的競賽項目中成績相當不錯。

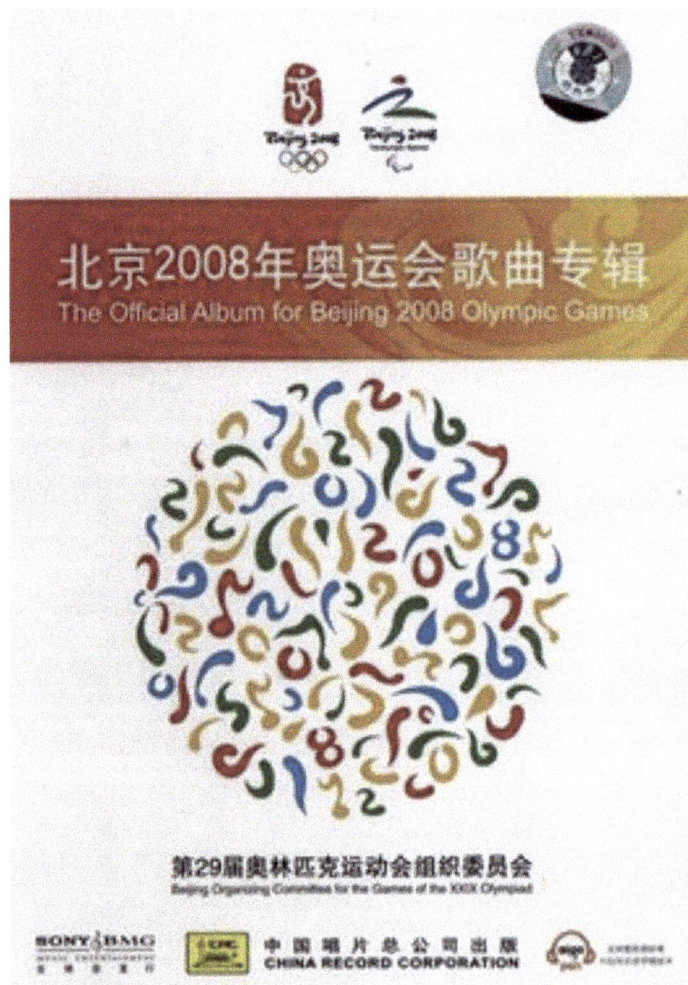

賽項目	① 金牌	② 銀牌	③ 銅牌	總數
羽球	1	1	0	2
舉重	1	0	1	2
柔道	0	1	0	1
射箭	0	1	0	1
體操	0	1	0	1
跆拳道	0	0	1	1
桌球	0	0	1	1
高爾夫	0	0	1	1
拳擊	0	0	1	1
空手道	0	0	1	1
總計	2	4	6	12

獎牌	運動員	運動	項目	日期
① 金牌	郭婞淳	舉重	女子59公斤級	7月27日
① 金牌	李洋 王齊麟	羽球	男子雙打	7月31日
② 銀牌	楊勇緯	柔道	男子60公斤級	7月24日
② 銀牌	鄧宇成 湯智鈞 魏均珩	射箭	男子團體	7月26日
② 銀牌	李智凱	體操	男子鞍馬	8月1日
② 銀牌	戴資穎	羽球	女子單打	8月1日
③ 銅牌	羅嘉翎	跆拳道	女子57公斤級	7月25日
③ 銅牌	林昀儒 鄭怡靜	桌球	混合雙打	7月26日
③ 銅牌	陳玟卉	舉重	女子64公斤級	7月27日
③ 銅牌	潘政琮	高爾夫	男子	8月1日
③ 銅牌	黃筱雯	拳擊	女子蠅量級	8月4日
③ 銅牌	文姿云	空手道	女子55公斤級	8月5日

中華郵政，創意無限

　　許淑淨創下了奧運雙金牌的紀錄，她是 2012 年倫敦奧運、2016 里約奧運 53 公斤級舉重金牌得主。許淑淨在 2012 年原來拿的是銀牌，後來原金牌得主趙常玲因為藥檢未過，所以由許淑淨遞補金牌。

　　許的教練是蔡溫義，蔡溫義在 1984 洛杉磯奧運會拿到男子舉重 60 公斤級銅牌，這是台灣在楊傳廣及我之後，獲得的第三塊奧運獎牌。

　　蔡溫義本人沒有吃禁藥，但因為他的弟子選手林子琦、許淑淨涉嫌吃禁藥，風言風語，他就只好離開左營的國家訓練中心。運動員吃禁藥 PED 會進入興奮狀態，他們的肌力會增強，但這種行為被認為是不道德、是違背體育精神的，禁藥也會對選手的健康造成長期不利的影響。若被發現服用禁藥，選手不但不能參加比賽，情況嚴重的，甚至終身不得參賽，他們的成績及獎牌也會被取消及褫奪。

2016 年 10 月中華郵政慶祝舉重選手許淑淨，在里約奧運勇奪金牌，特別設計「奧運金牌郵筒」，在許淑淨的故鄉雲林崙背鄉正式啟用，向台灣健兒致敬，肯定選手對國家社會的貢獻。中華郵政表示，未來也會陸續為歷屆奧運金牌選手，打造專屬郵筒，肯定台灣之光的表現。

中華郵政對台灣的奧運得獎運動員，一直是鼓勵有加，創意無限的。記得早在 1968 年，當我獲得墨西哥奧運女子 80 公尺低欄銅牌時，中華郵政就替我印了郵票，開風氣之先。

直視運動場的男尊女卑

我剛去美國時，進了楊傳廣的母校 UCLA。我發現在 UCLA，男選手在訓練的時候，女選手是不能訓練的。

美國雖然是一個很自由、民主的國家，但當時我住在瑞爾教練家，還看到他太太替他燙內褲，美國的婦女其實也只能算是二等公民。

後來新聞報導台灣第一位奧運雙金得主 -- 舉重選手許淑淨的故事。一開始她父親反對她學舉重，怕她長不高，後來經過教練不斷的跟她父親溝通，許淑淨才有機會得償夙願。得到雙金之後，許淑淨名滿天下，她爸爸就說，「不要再練了，怕將來嫁不掉。」網路說她現在在國立體育大學競技與教練科學研究所唸博士班，那不是更嫁不出去了嗎？

替爸爸著想，他可能覺得運動選手花了這麼多時間在訓練，現在既然拿到金牌了，應該就夠了，可以進入人生另外一個階段了。很多鄉下人士仍然堅持「男大當婚、女大當嫁」的傳統觀念，只是許淑淨現在是台灣之光，她爸爸的擔心是對的嗎？

我們希望基金會有位男性工作人員，我問他關於許淑淨父親怕她嫁不掉的問題。他坦白回答：

「我目前還單身，但當我要選擇對象時，如果對方是位奧運金牌得主，我應該會感到相當大的壓力，因為她是名人，跟名人在一起，於公於私，我的生活都會被改變，無論她是舉重選手、摔跤選手，甚至體操、舞蹈選手都一樣。

像我這樣的男人很多，因為男人愛面子，當妻子比我出色、比我更受歡迎，人家都不曉得我的名字，只知道我是誰的先生，這會讓我們男人受不了。」

男人愛面子，是不分國籍的。像 Elon Musk 馬斯克名滿天下，他正式娶過兩位妻子，我想他的前妻們在離婚之後，大概都再也找不到結婚對象了。想想看，當新男友帶她出去，在介紹她時，別人會說，「對了，我認出你了，你是馬斯克的第二任妻子。」男友的面子掛哪？會不會是因為這個原因，他的前妻們到現在都還未再婚。

奧運是最大的商機

我從來沒看過冰上曲棍球 ice hockey 比賽，但有一次別人給了我票，我在現場獲得了前所未有的感動，我這就瞭解為什麼有人願意花大錢買各種球賽的票，除非經營的很糟，否則主辦各種國際賽事是一定可以賺錢的，包括：門票收入、各國廣告收入，電視、電影轉播權，其中轉播權會是最大的收入。

1964 年的奧運在東京舉行，1972 年的奧運會在德國慕尼黑舉行，德國及日本都是二戰戰敗國，他們也都因為主辦奧運，把整個國家的建設都撐起來了，重新進入世界主流。

1984 洛杉磯奧運主辦單位更是賺的砵滿盆滿，那是奧運商業化的開始。以

前雖然也賣門票，但是財源滾滾的是賣轉播權。奧運委員會自此創造了一個新的商業模式，包含周邊商品、轉播權、廣告，全盤商業化。聽說後來雅典、里約的奧運主辦單位，因為投入太多錢搞硬體設施，所以它們的收入有點入不敷出。

我爲台灣正名而努力

1972 年九月五日慕尼黑奧運發生了慘案，是一次恐怖事件。策劃者是巴勒斯坦武裝組織「黑色九月」，襲擊對象是以色列奧運代表團，可惜在官方的營救過程中，該代表團的 11 人全部身亡。

後來在以色列總理梅厄夫人的主持下，以色列集結了「死神突擊隊」，對「黑色九月」的幕後成員展開了報復性質的跨國暗殺行動，行動代號為「天誅行動」。該行動從 1972 年十月至 1981 年八月，共九年之久，將暗殺名單上的十一名「黑色九月」武裝人員中的十名予以成功暗殺。

就算發生這麼大的事，奧運會也沒有停辦，只有台灣沒參加，奧運從沒停辦過。

1956 年，楊傳廣第一次參加奧運會，當時是在澳洲墨爾本舉行，我們的國名叫福爾摩沙 Formosa，我參加了三屆奧運會，1960、1964、1968，都是以台灣的名字，我們代表團當時希望以"中華民國"參加，但國際奧會年會決議在 1960 年我們只能以"Formosa"名義參賽，代表團總幹事林鴻坦還展示了一面 Under Protest 的白色橫幅，以示抗議。1964、1968 我們皆以"Taiwan 中華民國"的名義參賽。

1968 年時，奧委會 IOC 開會通過我們可以用 ROC，可是我們必須等到下屆奧運會 1972 年才能用。

1972 年的奧運進場儀式是我掌旗的，那時我們的國名是 Republic of China（ROC）。

1960 羅馬世運會，我代表團被迫用"Formosa/China"為國名，為此舉白布條抗議

1964東京奧運，看到我了嗎？我們的國名是 Taiwan 中華民國

1972年我代表團只有七位女性，在開幕典禮上各穿一色旗袍，我穿黃色

1976 年，中國大陸跟加拿大的總理杜魯道 Trudeau 說，如果台灣要參加，台灣的國旗、國歌、國名都要改，當時我們的代表團都已經到洛杉磯了，我們就只好在洛杉磯等待，希望這件事情可以圓滿解決。

那時美國的總統是福特，他很同情我們，就與加拿大總統杜魯道協商，結果是說國旗、國歌可以保留，但國名要改，美國就建議我們改成台灣，當時的行政院院長是蔣經國，他跟他爸爸一樣：漢賊不兩立。就在這個堅持之下，我們全團只好返台。

其實在那之前，我們的名字都叫台灣！

1980 年的奧運會，如果我們參加的話，我們可以用 ROC，可是 1980 年的奧運會在莫斯科舉行，蘇聯當時出兵攻打阿富汗，所以美國決定不參加以示抗議，很多西歐的國家就跟著 boycott，我們也跟著 boycott，所以我們就沒有去成。

1980 年，台灣簽署洛桑協定 Lausanne Agreement，同意用中華台北 Chinese Taipei，以後就都沿用 Chinese Taipei。其實所有的 IOC 會員都是國家名，世界上沒有一個國家叫 Chinese Taipei。

從洛桑協議開始，我們也不能唱國歌了，現在是唱升旗歌，什麼山川壯麗的，我們的國旗就變成五環的，是中華奧運會的旗子。我們失去了最好的機會，用台灣的名義成為國際運動賽事中一個真正的國家。

中華台北

除了 Chinese Taipei, 還有 Hong Kong China，但澳門沒有參加奧運，因為澳門不是 IOC 會員。

你問同樣是特區，為甚麼香港隊可以參加奧運會，而澳門隊不能？說來話長，總概而言，就是港英政府積極爭取加入國際奧委會，成為成員，而澳葡政府態度消極，遲遲不為澳門申請加入國際奧委會，等到香港加入後，澳門再正式申請，但國際奧委會已經改了規例，必須獨立國家才可參加。

就是這個原因，導致澳門運動員無法參與奧運會，只能參加殘奧運。

聖火每年從雅典開始傳遞，然後在每個國家傳傳傳。1964 年東京奧運時，聖火曾到台灣來，之後就沒再來過。2008 年北京奧運會時，聽說聖火要來，後來就是官員們一直喬、一直喬，有很多眉角藏在裡面。那時居然有人說，「聖火為什麼要到台灣來，其實就是要把台灣當做成中國的一省，」總之，喬到後來，聖火就沒來了。

我聽說前任體委會主委陳全壽（2004-2007）說過聖火可以來，但當時的體委會主委楊忠和 (2007-2008) 反對，最後做決定的是楊忠和，聖火就沒來台灣了。

值得一提的是，1984 年洛杉磯奧運，我們以中華台北名義參賽，蔡溫義獲得舉重銅牌。

1992 年，台灣男子棒球代表隊獲得銀牌，是我們首面球類項目獎牌。
2000 年，我們在舉重、跆拳道、桌球等三種運動項目獲得五面獎牌。
2004 年，跆拳道選手陳詩欣及朱木炎獲得兩面金牌，當年共獲得五面獎牌。
2021 年在東京，我們共獲得 2 面金牌、4 面銀牌、6 面銅牌，12 面獎牌分布在十種不同運動項目（分別是羽球、舉重、柔道、射箭、體操、跆拳道、桌球、高爾夫球、拳擊、空手道），是奧運參賽以來最佳成績。

截至 2020 年，連同以「中華民國」、「福爾摩沙」及「臺灣」名義參賽的紀錄在內，中華奧林匹克代表團一共參加過 15 次夏季奧林匹克運動會，共取得 36 面獎牌，包括 7 面金牌、11 面銀牌及 18 面銅牌，參加過 13 次冬季奧運會，未曾獲得任何一面獎牌。

我的榮譽榜

關於我的一首歌

1970 年，我到德國慕尼黑比賽，那時我的一百公尺跨欄先是平了世界紀錄，三十分鐘後，我又破了世界紀錄，再三十分鐘後，我跑兩百公尺，又破了世界紀錄，所以慕尼黑有一個四重唱為我做了一首歌，叫「Welcome Chi Cheng：Hey, hey, welcome Chi Cheng. Here is Munich…」也有我掌旗的照片，我曾經看過。

我代言的第一支廣告

除了奧運龐大的商機，它的選手也成了活動的商業看板，大家都賺得盆滿缽盈。我最有希望拿獎牌的時間，是 1972 年的奧運會。1970 年一連串的歐洲錦標賽結束後，我就被邀到愛迪達的公司，當時我拒絕了愛迪達的贊助，我的理由很簡單，雖然我那時穿愛迪達的鞋子，但如果我拿了他們的錢，我就必須一直穿愛迪達的鞋子，萬一別家有更好的鞋子怎麼辦？所以我就拒絕了，大家都覺得蠻不可思議的，回想起來，我一點都不後悔，因為鞋子對我來說是武器，我要保留選擇武器的權利。

現在 NBA 球員哪一個身上不是穿滿了各種贊助的品牌？我初到美國過的第一個生日，學校就送給我愛迪達的衣服，教練送給我第一雙鞋子，也是愛迪達，愛迪達其實還不錯。之前紅牛公司要我做廣告，喝它們的飲料，我沒同意。

我此生唯一做過的廣告是桂格燕麥片。桂格燕麥片當時的總經理曹德風（他現在已經是桂格董事長了）在見面時，跟我談了很多我那個年代運動選手的故事，最後我就答應他做桂格廣告。

我拍的桂格廣告

我跟他說，「我覺得你真的很喜歡運動，才會跟我講那些選手的故事，要不然你為了要跟我談這個廣告的事，你很用功的做了功課，我願意幫你忙。」那個時候他答應給我八百五十萬，"希望基金會"的成立，就是靠這八百五十萬。

那時成立全國性的公益團體只需要兩百五十萬。我把桂格燕麥片的八百五十萬元，加上《飛躍羚羊》那部電影拿的一百萬，共九百五十萬，在1986年全部投入成立"希望基金會"。

關於我的一部電影《飛躍羚羊》

　　《飛躍羚羊》是香港演員鄭文雅主演的，鄭文雅曾是香港 1978-1980 全港女子跳高紀錄保持者，她後來變成電視藝員、電影演員。『飛躍羚羊』我還去客串了一個禮拜，領了一百萬元的酬勞，我曾經在第四台看過這部電影。

　　我第一次拍電影之後，才發現演員要等通告、等排期，輪到自己上場其實要等很久，所以做電影明星一點都不好玩。我上次去嘉義片場看到楊林，她那時候很紅，她大部分的時間都是待在片場等、一直等，所以她說：「我們女星大都是嫁給攝影師，因為什麼人都看不到，只看到攝影師，每天一早就進去攝影棚裡等。」

鄭文雅

　　我的小女兒在唸高中的時候，有一次問我：「媽咪，你為什麼不把你捐出去的錢留下來，九百五十萬是很多錢啊。」我就告訴她我為什麼會去拍廣告，去拍《飛躍羚羊》的電影，我說這些都是因為我在田徑上有一點小小的成就，所以那些錢不屬於我，那是屬於體育界的。

　　我本來要捐給體育界，結果曾經擔任職棒聯盟秘書長的林將跟我說，「你如果捐出去，你是等不到它開花結果的，你連個苗都看不到。」我問

他那我該怎麼做，他說：「你應該成立一個基金會。」那時成立一個全國性的基金會只需要兩百五十萬，現在需要三千萬。

希望基金會，推廣健走

我們基金會辦活動時不募款，我們有碩勇公司做瓦斯物料，還有搞藥品行銷的晉泰藥業，此外，我們還有一個健康事業，這裡面最賺錢的是碩勇公司。這一切都是我前夫張博夫老師開始的，他是我小女兒的爸爸。

1992 年，世界衛生組織 WHO 曾經說過，世界上最完美的運動就是走路運動。希望基金會從 2002 年跟國民健康局一起合作，推廣每日 1 萬步。基金會成立很久了，但過去做的是不一樣的事，2002 年起，我們就聚焦在健走的推廣，從 2002 年到現在，我們舉辦各種形式的活動，主軸就是健走，更準確的說，我們是在把健走推廣成為一個生活習慣，一個生活觀念。

上次辦環島健走最後一站活動是在 2021 年十月十日，第一站及最後一站都是在我家附近。從我家附近淡水的竹圍開始走，過關渡橋，再走到十三行博物館，最後在我家附近休息，那次有 46 人走完全程。

這一次環島是從東部開始走，從十三行博物館出發，往南走，繞台灣一圈回來。還有一次我跟他們一起走綠島，到綠島的時候，我沒擦防曬油，被曬到脫皮，那個行程約走三天。

一般來說，我們環島健走是分段進行的，共切成五十五站，全長 1100 多公里，一個月走一次，都是利用週六週日走，平均一天大概可以走 20 公里左右，我們總共花了兩年半的時間才走完全島。每次差不多有一百多人參加，你可以上希望基金會的網站看看 www.hope.org.tw，郭益瑋是環島健走路線的規劃人。

團員最老的是夏伯伯，今年已經 98 歲了，但他走的速度蠻快的，後來因為疫情的關係，家人不讓他出來。最小的是國小三年級的，他爸爸帶他來參加，

他走了十幾站，可是沒辦法走完。還有一對恩愛夫妻，先生本身有一點身體狀況，但太太全程牽著他。環島結束後再一年多，他就往生了。

我們配有保姆車，如果你真的走不動了，或是因為天氣太熱，你隨時都可以坐空車。我們全程也配備了一台補給車補給食物，隨時可以上場。我們也有熱心的志工，像是添哥（張家添）及添嫂。

我們辦的「元旦健走」明年就 20 年了。「希望環島」是另外一個活動，從 2016 年開始，那時剛好是希望基金會的 30 週年紀念，我們就決定第一站走 30 公里以為紀念，從淡水聖約翰科技大學開始走，環島一週，共 1111 公里。

2016 年的環島，在 2019 年結束，那時共有 19 個人走完全程。第二次環島是從 2020 年開始，2022 年 10 月結束，共有 46 個人走完全程。我們還未在環島活動中產生愛侶，大概因為走完都太累了，自顧不暇，沒時間欣賞異性。

2022 年 4 月，我們這次的「希望環島」目的就是「走一條行善之路」-- 你每走一公里我們就幫你捐一塊錢。我們個人的力量有限，但是眾人力量卻是無窮的。所以我們每半年就會捐給我們曾經走過的，或是附近一些需要捐助的團體。我們曾經捐給八里的天主教養老院、南投的親愛愛樂交響樂團、屏東的迦南身心障礙養護院。一般人比較喜歡捐助年輕的孩子，但迦南養護院照顧的是老憨兒，已經上了年紀的人。

我們也捐款給台東的「孩子的書屋」，我們的義工會花時間陪伴孩子思考、唸書，以便未來立足於社會。我們還捐給八里的安養院，我本來就是一個喜歡廣結善緣的人，所以很多公義的事，朋友都會來找我。

獲授景星勳章

　　2005 年 9 月 13 日，陳水扁總統授予二等景星勳章，同時得獎的還有楊傳廣、
曾紀恩。

回憶張博夫

　　我這輩子認識的男伴，人都很好，也都很有才華，像是瑞爾教練是學音樂的，他從四歲開始就在教堂唱歌，是男高音，他又學體育。

　　張博夫老師本身是藥師，也很會唱歌及跳舞。當年張博夫從嘉義中學畢業後，想去學音樂，但他爸爸說，嘉義中學的傳統是所有校隊的隊員在畢業後，都會去考醫學院，所以他就考上了國防醫學院醫科。他在學校非常活躍，可能就是太活躍了，有一天他被抓去關一個禮拜，不見天日，四周都是黑的，要問話的時候，就用很強的光照他，還一面拷打。

　　一個禮拜之後，他有一個乾媽叫劉守英，住在嘉義，非常疼他，她有個哥哥是在總統府替蔣介石寫文稿的廖凱濤，將他保出來，出來之後，張博夫就不敢回去讀醫科了，後來他考上台北醫學院藥學系，變成藥師。1982 年，我跟張博夫結婚。

1980年5月，王榮華（中）在加州洛城分校破我國1500公尺紀錄。張博夫（左）

美國有個 National Safety Association (NSA)，是做直銷的。老朋友 Bill Toomey 在做 Juice Plus，Juice Plus 是 NSA 的東西，除此之外他們還賣淨水器的友人。

那時我們的辦公室在哈密街，有一天 Bill 打電話給我，說他從加拿大來，要來看我，他拿了那個 Juice Plus 的淨水器示範給我看，他放一滴濁水進去，整個水竟然變乾淨了，我說：「這麼好的東西，我們願意做。」後來才知道那是直銷的產品，既然是直銷就必須找很多通路、由很多人幫著賣，因為這樣，張博夫就跟其中一位業績非常好的女性發生了外遇，她的名字叫陳淑麗。

他有外遇後，我就決定跟他離婚，他後來跟陳淑麗結婚，但不久之後，就得了淋巴癌，他死前我還到台中去看過他，他到底是我小女兒的爸爸啊。

眞愛三毛

下面這首唐詩是沈君山老師寫給三毛的。三毛已逝，他就轉送給我了。

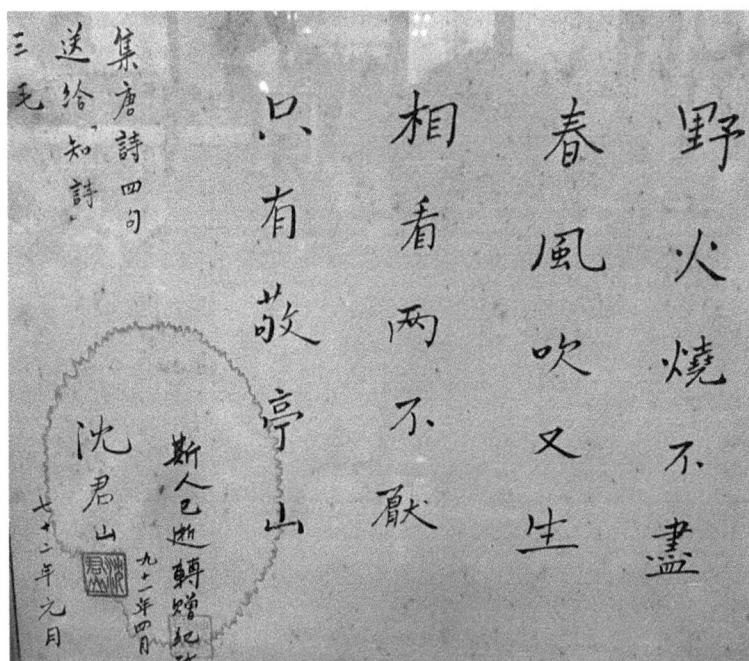

我當初覺得沈老師應該娶三毛，可是三毛思念的是荷西。沈老師常說三毛活在一個很理想、很虛幻的世界裡。荷西走的時候才 28 歲，三毛走的時候是 47 歲。

我第一次認識三毛，是透過聯合報的袁達九先生介紹的，當時我很想認識三毛，三毛居然也說想認識我，後來我們兩個人變成很好的朋友。本來張博夫老師要在 1991 年 1 月 4 日下午去榮總看望三毛，結果他還沒到，她就走了。三毛死於憂鬱症，我想當時她已經弄不清楚狀況了。

全世界有那麼多人愛她，只要看過她的書的人，大概都會愛上她，我也是從三毛的書裡認識她的。曾經有一次，我那時還是幼兒體育委員會的主任委員，我經過她住的忠孝東路那兒，就打電話給她，請她來參加我們辦的幼兒體育活動。她說不能來，因為不久之前有人按門鈴，她當時穿的是絲襪，趕去開門，就滑倒了，摔的很嚴重，她的整隻腳都拐到了。

那時嚴浩透過林青霞與秦漢，天天去找她，拜託她寫劇本，結果她編劇的「滾滾紅塵」得了第 27 屆金馬獎的最佳劇情片、嚴浩得了最佳導演獎，林青霞得了最佳女主角，總共得了八項大獎，唯獨三毛沒有得獎。三毛對這件事情很在意，耿耿於懷，因為劇本是她寫的，劇情的發展也都是圍繞著她的認知拍的。

她當天去了金馬獎公佈的現場，居然發現曾經對她前倨後恭的嚴浩，竟然完全不理她，三毛很受傷，嚴浩真是辜負了我們的一代才女！

金馬獎頒獎那天，三毛笑不出來

與沈君山有革命情感

沈老師對體育及運動並不陌生，他在台大物理系唸書的時候是足球隊的，他的圍棋是業餘六段，曾經三次榮獲美國本因坊的冠軍，算是世界第一名。

我跟沈老師是在 1978 年認識的，他大我 12 歲，一輪。

從 1971 年中華民國退出聯合國，國際間就充滿了「排我納共」的氣氛，連體育圈也不例外。1972 年，我帶著中華民國代表團接受慕尼黑市長的歡迎，那知道日本的會員代表已經在奧運大會上提出中國問題，強烈質疑我方會籍的合法性。情況對我方越來越不利，1976 年的加拿大蒙特婁奧運，杜魯道總理就拒絕我代表團入境參賽。

從 1974 年德黑蘭亞運起，1978、1982、1986 連續四屆亞運，中華民國都遭排擠不得參加。一直到 1990 年，我們才重新回到北京亞運上，但國旗、國歌、國名都受到限制。

1978 年波多黎各舉辦國際田徑總會大會，將中華民國田徑協會的會籍除名。有人向我建議，英國是講法治的國家，擁有 160 個會員國的國際田徑總會總部，就設在英國，他們會受到英國法院判決的約束，何不將問題直接訴諸法律，控告國際田總不該無故排除我會籍？

隨後，我憑著國際田總老朋友的關係，神不知鬼不覺的拿到許多重要資料，終於得以在英國起訴國際業餘田徑總會。

1979 年英國高等法院判定：「兩個中國可以同時成為國際業餘田徑總會的會員。中華民國和中國大陸都不能自稱是中國的唯一代表。」這場「捍衛會籍」的官司中，我體悟到體育可以很政治，也可以很不政治。我發現中國大陸將每個運動場，都視作外交領域的擴張，不時用政治力量介入干擾，但國際體壇卻

更重視個人交情與關係，一旦有個人關係，他們就會邀你去比賽。

體育外交的想法，從此在我的心中萌芽，過去我藉著體育獎牌為國爭光，今後我要藉著體育活動促銷中華民國。

1979年中國大陸入侵越南，導致國際輿論的不滿，天時地利人和互相配合，國際奧會做成了對我還算有利的決議：

一、承認在北平的中國奧林匹克委員會，
二、維持在台北的中華民國奧林匹克委員會。

同年10月28日，我和楊傳廣一起趕往名古屋，參加奧會執委會的繼續討論「中國問題」。

當時與會的外交界人士大都心存刻板印象，認為運動員一定是「頭腦簡單，四肢發達，萬一說錯話怎麼辦？」，但「中國會籍危機處理小組」的沈君山則堅持一定要我們兩人出席，他說這種 China question, 關起門來談是不行的。

果然楊傳廣的一句話，就打動了來自全球的媒體，他說，「對運動員來說，最重要的就是能上場比賽，至於旗、歌、名，並不重要。」我說，「外交部的人認為我們除了跑以外，什麼都不會，其實我們兩個講的話，最能代表中華民國運動選手的心聲。」

終於在1981年，我奧會代表在大環境對我們極其不利的情況下，簽下洛桑協議，確定今後我國參加各項國際體育活動的「奧會模式」，以梅花旗代替國旗，以國旗歌來代替國歌，以中華台北 Chinese Taipei 代替中華民國。

有一年在波蘭華沙舉行世界越野錦標賽，大會把我們代表團的名字寫成了「China Taipei」，結果我和中國大陸代表大吵一架，好不容易才讓地主國將名稱改過來，成為 Chinese Taipei，當時見到我當仁不讓、一馬當先的人都至今難忘：

「沒有人比紀政更愛國。」

　　從名古屋回台後，沈君山和我的感情迅速升溫，我們曾經共遊希臘，在愛琴海邊許下誓言，但最後這段愛情昇華成友誼。我想我們做朋友比較容易，做夫妻比較難。

　　沈老師結了兩次婚，他的第一任太太為他生了兩個女兒、一個兒子。沈校長說他這生最值得的一件事情，就是跟他的兩個女兒一起到歐洲去玩。他的第一任太太後來嫁給他同一所學校普度大學的教授，他跟第二任太太生了一個兒子，就是沈曉津醫生。

　　2005 年沈君山二度在新竹中風，半夜打電話給我求救，我馬上找來沈君山的管家，先送新竹馬偕醫院急救，自己也從台北趕來。幾經折騰，才在新竹馬偕醫院調到病床，救了沈君山。

　　2018 年他又住院了，他的管家 Kitty 跟他太太曾麗華商量，Kitty 打電話給我，要我趕快到新竹的馬偕醫院看他，她說，「不然的話，沈老師會死不瞑目。」那時我們正在日本拜訪前首相森喜朗，他當時是東京奧運會組委會的主席。

　　從日本回來時，我的手機放在日本忘了帶，等手機寄回來之後，才發現 Kitty 給我發了那麼多訊息，造成中間耽誤了一個禮拜。後來在一個禮拜一的下午我趕下去，見到沈老師和他的兒子 -- 榮總胸腔科醫生沈曉津。2018 年 9 月沈老師走了，享壽 86 歲。

　　沈老師曾經好幾次中風，記得第一次是 1999 年，第二次是 2005 年，兩次都是我送他去台大醫院，然後轉住新竹馬偕醫院。他在 2007 年第三次中風至 2018 年中間都是昏迷狀態，將近 12 年。他第一次中風的時候，我大概每個禮拜天會去看他，扶他走路。

1982年與沈君山赴美

2001年在美國加州

貴人之七 王惕吾

1977 年，去美的 14 年後，我與瑞爾離婚，帶著大女兒精敏從美國回台灣，王惕吾邀請我擔任田徑協會總幹事，我就到田徑協會上班，做了 16 年，12 年是總幹事，4 年是理事長。

他充分授權讓我可以做很多事。他那個時候給我所有活動需要的經費，他一個月給我 5 萬塊錢，人事費是聯合報出的。

像我辦路跑活動，我辦了 10 次，我去見了 Adidas 愛迪達三次，最後他們才答應給我 20 萬元，也就是一站才 2 萬元，不夠的時候就要自己去募款。

1986 年，我們開始舉辦台北國際馬拉松 Taipei International Marathon，全程 42.195 公里 (26 英里)，從總統府前起跑。我一開始找裕隆的吳舜文董事長贊助，她不同意，後來由三陽公司的張國安總經理贊助。他們那個時候代理 Honda 的車，所以奪冠者一男一女都會得到 Honda 的車。

吳伯雄在當市長的時候，他說像這樣的活動應該多辦，但我知道那是我最後一次辦，因為當時台北市要開始挖捷運了。

1992 年開始，在北二高辦了「國道馬拉松」Taipei Freeway Marathon，路線是中山高速公路汐止 - 五股高架段。馬英九總統跟我說，這是他唯一一次參加全馬，怕自己實力不足，一世英名付諸流水。我安慰他，若真體力不支，可以隨便找個交流道下去，工作人員卻說，交流道還沒蓋好，尚未啟用。隔天我就出國了，在桃園機場巧遇馬英九市長，他說，「我好酸啊！」他剛跑完北二高的國道馬拉松。

我第一次辦馬拉松要募 300 多萬元，每年都要增加，現在的台北馬拉松 Taipei Marathon 的前身就是台北國際馬拉松，每年都在辦，有市政府出錢，也有贊助廠商。

台灣需要把體育當回事

　　很久以前,大約在清朝,有個又瘦又小的男子,因為求學、求婚、求職都不順利,每天看著鄰居六尺高的帥哥把妹,越看越氣,就說了一句他的小腦子所能想出來最惡毒的話,「呸!頭腦簡單,四肢發達。」不得了,在矮子遍地的中國,這句話很快就成為國罵,讓所有高挑帥氣的運動員都受盡了侮辱。

　　任何行業頭腦簡單都不行,運動員尤其不行,特別是在先天上吃虧的亞洲人,你若沒有付出更多的努力,或是沒有擁有更多的天分,要出頭真的很難。

　　看看梅西,2022 年他超英趕美,把阿根廷隊直接帶入國際足協世界杯冠軍,年收入約 1.5 億歐元,光看他運球,就知道他的腦部構造可複雜了。現在台灣也有職業運動員了,例如網球、棒球、踢足球,但任何一種運動要成為職業,都

不是很好混的，至少頭腦簡單絕對不行。

美國人想進長春藤大學，體育方面的表現一定要出色，因為體育好，不止是四肢發達，還包括了瞭解何謂團隊精神，教練的策略為何，如何跟其他隊員合作，這是頭腦簡單的人做不到的。

有人統計要學哪一種運動最容易進哈佛、耶魯，答案是第一：冰上曲棍球，第二：棒球、籃球，最終答案就是團隊精神，只有群體運動才能鍛鍊團隊精神，一個人寒夜苦讀、臥薪嘗膽是不行的。

在美國，運動員的地位很高，台灣雖然少棒號稱世界第一，但棒球員的社會地位並不高，他們也沒有舞台來做社會關懷、善盡社會責任、提升健康運動員的形象等等。

王建民算是運動員中成就最高的，他曾效力美國職棒大聯盟紐約洋基、華盛頓國民等隊。2006 年，他獲得美國職棒大聯盟官網的球迷票選為「年度最佳先發選手」。他後來有一些負面新聞，如緋聞之類，他現在是兄弟職業棒球隊的教練，台灣很多運動員最後就是當教練。

另外，台灣現在的小孩都不願意吃苦了，一點苦都不吃。大陸第一個拿奧運女子游泳金牌的林莉，曾來台灣教導小孩游泳。她說，台灣小孩日子過得太好了，可能因為爸爸媽媽從前吃過很多苦，就不想讓小孩子們再吃苦，所以小孩子就沒有什麼意願要刻苦拿金牌。

台灣訓練小運動員跟大陸不一樣，大陸是選最好的小孩，國家就跟父母說，這小孩子交給國家了。父母簽字之後，小孩就去訓練了。台灣不是這樣，台灣是我們先選一些有天賦的小孩，因為台灣的父母很在乎功課、更重視升學。

以田徑來講，到目前為止，台灣還是只有楊傳廣跟我拿的兩塊獎牌，再也沒有了。田徑有那麼多項目，要得獎還真的不容易，而且田徑是每個國家都會

有代表參與的，跆拳道、乒乓球就不一定了。

田徑、游泳、體操這三個是國際性綜合型運動會最主要的三個項目，尤其是田徑，每個國家都一定會有人練，游泳還不一定呢，有些非洲國家根本沒有人會游泳，體操也要看情況，但是田徑是每個國家都會有選手的。

拿賽跑來說，你在路上就可以跑了，所以競爭很激烈。台灣有那個環境嗎？有的，而且現在給的獎金這麼多，以奧運來說，得獎、得牌的獎金是全世界數一數二，像拿金牌，政府會給 2,000 萬元新台幣，中華奧委會主席林鴻再給 1,000 萬元，共 3,000 萬。我以前沒拿過獎金，也沒有拿過國光獎章，是我生錯了年代。但我覺得沒有獎金還比較好一點，因為有了獎金之後，選手就是為了錢在拼命，這樣不太好。

自從民進黨執政任之後，體育方面的經費一直在增加，也送選手出國，但是回過頭來，努力其實還是要靠選手本身。全世界的競爭非常激烈，亞洲人體能的先天條件本來就吃虧一些，若沒有付出更多的努力，或者擁有更多的天分，要出頭其實很難。

在 1968 年墨西哥奧運會的時候，到了選手村，我早餐、中餐、晚餐都吃牛肉，因為我小時候聽大人分析為什麼美國人跑跳都那麼好？他們的答案是因為美國人吃麵包、吃牛肉，而我們台灣人都只吃豬肉，只有在沒有選擇的時候，才吃牛肉。我以前也是從來不吃牛肉的，但為了得牌只好吃了，還好我得到一塊獎牌，那些牛沒有白白犧牲。

台灣現在選手們的日子比我們那時好過多了，他們都有獎學金支付他們的大學學費及生活費。如果你是頂尖選手的話，還有贊助廠商找你，我當總幹事時，還有破記錄獎金。一些台灣著名的大學如台灣大學，雖然沒有體育系，但還是有體育保送生與體育資優生，他們透過特殊管道，像是甄審、甄試可以進入台大。

某年我回到台灣來，那時有人很高興的說，體育高材生現在可以免試升學了。我很生氣的回答，從今以後你會更被人家看不起，人家已經在笑我們是頭腦簡單、四肢發達了，你這樣子人家只會更瞧不起。我一向很重視功課，成績都非常好。其實天下沒有笨的選手，只有不用功、不喜歡學習的選手。

　　我以前在比賽的時候，台灣一年只有三次比賽：台灣省運動會、中上運動會、台灣省田徑錦標賽。現在台灣最高等級的比賽是全國運動會，再下來是各個層級，像是大學的全國大專運動會，高中、國中的中等學校運動會、還有小學運動會，一年有幾百場。

　　不但比賽多，縣市級、全國性的各種比賽都有獎金，各縣市的獎金金額不一樣，不同等級的比賽獎金也不一樣，如果你參加了國外的比賽，拿了名次，教育部體育署還會發一筆獎金給你。

　　請記住，任何比賽都會結束，唯有運動家精神永遠流傳！

三屆立委，為民喉舌

　　1980 年十二月，立法院首次開放增額立委選舉，我想我若當上立委，可以解決體育界的難題，又可以幫助許多人，大家都說我一定會最高票。開票當晚有兩個人非常開心，一是國民黨內部為我極力爭取提名，出錢又出力的田徑協會理事長王惕吾，另一位就是一直想幫我轉換跑道的沈君山。

　　我想我不是學法律的，要如何立法？在國民黨中常會提名的前一天，我費盡心思拜託黨部不要提名我，蔣彥士回答，「中國國民黨歷史上只有拜託提名的，沒有拜託不提名的，妳一定要接受。」

　　為我負責競選文宣的體育記者林將拍胸脯，「紀姐，你的文宣很好做，只

需要凸顯你的真實面貌，根本不用加油添醋。」他說在那個時代，只要提及體育立委，沒人有資格跟我爭。

選上以後，我戰戰兢兢，為了不負選民期望，一開始就自掏腰包聘請知名律師事務所前來協助，還請了一個大助理，大助理帶了三個小助理，我把立委的薪水都花在他們身上，後來才知道真是多此一舉。

那時每逢施政總質詢時，我都會在家裡先演練好幾遍，準時參加院會、參加教育委員會會議，當一個全天候專職立委。民眾若有困難，只要合情合理合

法，我就有求必應。我真的覺得自己可以為台灣的立法怪現象撥亂反正，造福人類。每天深夜，我才會回去處理田徑協會總幹事的工作，鞠躬盡瘁。

1981 年三月十七日，我在立法院的首次質詢，題目是「興革我國體育」。我說，中國大陸選手成績在短短 10 年，已經趕過日本，「為什麼別人能，我們不能？」我積極草擬「國民體育法」，關心所有與民眾福祉相關的議題，知無不言，言無不盡，婆婆媽媽，我痛批民眾的冷漠與廠商的無情。

1981 年五月，在美任教的數學教授陳文成返台探親，七月二日遭警總約談，七月三日就被人發現陳屍台大校園，死因不明。黨外懷疑這是一起政治謀殺案件，當局欲蓋彌彰，大大的打擊了台灣的國際形象。於是我決定在立法院總質詢時，提出此案。

當時國民黨部都會事先詢問立委將要質詢的議題，但我九年來從不給他們題目。結果在他們毫無預警的情況下，我的質詢痛批有關單位處理此事的威權心態，揭發台灣不法的校園密探，非法提供留學生黑資料，語驚四座。

當時的新聞局長宋楚瑜立刻請我到場外一個小房間給予嚴重的關切。我的「問政唯真」換來停止黨權一年的通知單。我既然不靠黨吃飯，就把通知單丟到垃圾桶了。

但最令我失望的是，在立法院國民黨的同僚中，很多人每天想的都是如何為自己謀福利，或是利用職權去欺壓百姓，而所有的法案都是經過各黨黨鞭、利益團體協商在前，強迫我們包裹通過在後，讓我覺得這立委實在做得很窩囊，還不如去做清道夫。第一屆立委任期未滿，我已經不想當了。

1983 年，我蟬連立委，看盡官場百態與政客們的嘴臉。我的問政熱情逐漸退卻，只把立委當成職業。1986 年，我第三次高票連任，但我越來越少進立法院的辦公室了。一直到是否設立體育部的議題開始發酵，我才又躍進國會殿堂。

當時的人都認為體育是件小事，沒有必要成立組織及體制，所以以前每次申請成立體育部都遭退件，但我希望藉著 1988 年行政院修改組織法之際，能促成體委會的成立。

我舉辦了一連串的公聽會、記者會及問卷調查，廣徵社會大眾的認同，並花了三天三夜不眠不休撰寫將近 27,000 字的報告，準備交給行政院的研修小組參考，不料這本 66 頁的手冊尚未送達，研修小組已經逕行否決體育部的成立了。

我當然不肯接受挫敗，接下來的一年，我走遍了大湖山莊與中央新村，爭取老立委們的支持和連署，結果我寫的諮詢稿，創下有史以來連署人數最多的紀錄，當時立院有 300 多位委員，就有 160 位連署。

1990 年一月十八日，我出席了從政九年來的最後一次院會，在告別演說中，我勸說「各位現任委員，國家體育前途，今天是決定性的時刻，希望各位為歷史留下紀錄。」

終於，「國家體育委員會」在刪除「國家」兩個字之後，通過在行政院設置。九年的問政生涯，我問心無愧。

海外最具代表性的統派作家陳若曦曾說，「如果立法院能多幾個像紀政這樣直言愛國的立委，中華民國就有救了。」

2009 年，我為台灣取得聽障奧運的主辦權。

我做祖母了

我有兩個女兒，精敏瑞爾與張家敏，大女兒生了3個小孩，小女兒生了4個，所以我共有7個孫子，4男3女，都是外孫。她們的先生都是台灣人，但大女兒有過二段婚姻，第一次婚姻她嫁給了美國伊拉克裔。

我的大女兒精敏

女兒們都是自己照顧孫子,所以我不用操心。大女兒一家原來住在澎湖,現在已經搬到木柵。二女兒住在八里,她有 4 個小孩,老大是男生,現在在唸大直高中高三,老二是北一女高一,老三在徐匯中學,老四在米倉國小五年級。我的孫子們都蠻獨立的,他們都叫我婆婆。

二女兒家敏與四位孫兒

不在其位，不謀其政

　　我曾經講過，當我離開田徑協會的時候，任何關於田徑的事，都不要來找我，因為我是那種扛得起，放得下的人。我知道所有關於體育的事，都有對應的運動協會，自己的理事長、秘書長，讓他們去處理吧！

　　現在亞運、奧運增加很多新項目，我都不熟悉，像是很新的塔巴迪、熱舞、霹靂舞、圍棋。我不會跳舞，只有在不得以的時候才跳舞。我喜歡唱歌，但我的歌聲最適合在浴室裡高歌。

　　2013 年之後，台灣的奧運會主席是林鴻道，他很有錢，前一任是蔡辰威，也很有錢，所以我覺得不在其位、不謀其政比較好。

　　政府也有機構專門負責體育政策，就是教育部體育署。

感謝

封面設計：李名果

編排：紅藍彩藝 陳羿每

校對：紀政、黃玟靜

Photo Credits

第 63 頁 徐宗懋圖文館提供

本書所有照片的來源：紀政、邱彰及網路

紀政小檔案

學歷：

美國加州州立理工大學體育學系畢業（1973 年）。

主要得獎紀錄：

1966 年：曼谷亞洲運動會跳遠金牌。

1968 年：墨西哥奧運 80 公尺女子低欄銅牌。

1969 ～ 1970 年：兩年內共參加 154 項競賽，包括跳高、短跑、跨欄、跳遠及五項全能，共獲得 153 面獎牌，並多次破、平世界紀錄及翻新亞洲、美國、全國及個人紀錄。

1970 年：曼谷亞洲運動會女子 100 公尺金牌。

經歷：

1970 年：美聯社年度運動員。

1987 年：國際田徑聯盟特別獎章。

2001 年：入選美國羅德島州國際學者暨運動員名人堂。

2002 年：亞洲田徑協會票選紀政為 20 世紀亞洲最佳女選手。

2005 年 9 月 13 日：獲頒中華民國二等景星勳章。

2013 年 4 月 20 日：獲頒新竹市「榮譽市民」。